鬼打ち 天鳳位の麻雀メカニズム

お知らせ

まえがき

　麻雀は考えるのが大事とよく言われます。では実戦でどうすればより良い思考ができるでしょうか。答えは単純で、「考えられた結果を手が勝手に出力する」ようにすることです。そうなっているからこそカウンティング等作業を行う、細かい要素を詰める余裕が生まれます。

　本書はその考えるまでもなく認識している内容や、行うべき作業、かっこつけて呼べば「システム」とでも言いましょうか。理詰めや大事にしている要素を踏まえながら、それらを言葉に下ろしています。こういったシステムは選択を考えるための根っこの部分ですが、簡単なものではありません。面倒な理屈・作業内容もそれなりに含まれています。反復訓練し、高速処理できるようになった暁にはタフでハイレベルな麻雀打ちとなっていることでしょう。

　想定するルールについては天鳳の段位戦東南戦（1位+90pt、2位+45pt、3位0pt、4位△135ptの完全順位戦）としています。手組とベタオリ判断については赤3枚順位点10-30の東南戦あたりまではほとんど変わらない選択をしていますね。天鳳よりも少しだけ押し返しと仕掛けが増える程度です。PART 2,4,6はルールの影響をほとんど受けない内容となっています。点数状況判断の章についても、ルールを問わない重要な考え方に触れているため、別ルールを主戦場とする方にも是非ご覧いただければと思います。

お知らせ

Contents
鬼打ち天鳳位の麻雀メカニズム
お知らせ

まえがき　　　　　　　　　　　　　　　　　　3

PART1　序盤の手組
1　リーチを打つ　　　　　　　　　　　　　　　7
2　字牌を切るということ　　　　　　　　　　　12
3　ドラ1とドラ2　　　　　　　　　　　　　　15
4　ドラ0とドラ3　　　　　　　　　　　　　　21
5　ブロックが足りているときの比較　　　　　　25
6　複合形・連続形　　　　　　　　　　　　　　30
7　シャンテン戻しと実質ブロック　　　　　　　34
8　決め打ち　　　　　　　　　　　　　　　　　38
9　副露手　　　　　　　　　　　　　　　　　　43

PART2　牌の危険度
1　放銃形確認　　　　　　　　　　　　　　　　46
2　待ち候補カウント　　　　　　　　　　　　　51
3　その他の牌の危険度（簡易まとめ）　　　　　57

PART3　ベタオリ判断
1　ベタオリの基本　　　　　　　　　　　　　62
2　押し牌セットの確認　　　　　　　　　　　66
3　安牌０枚　　　　　　　　　　　　　　　　72
4　押す牌のベタオリ序列は何番目？　　　　　74
5　対序盤のリーチ　　　　　　　　　　　　　77
6　後手発進　　　　　　　　　　　　　　　　81
7　対２件リーチ　　　　　　　　　　　　　　85
8　中盤の手組　　　　　　　　　　　　　　　88

PART4　副露読み
1　副露手の復元作業　　　　　　　　　　　　95
2　副露手のＳランク情報　　　　　　　　　　99
3　チー出し牌の法則　　　　　　　　　　　109
4　どこまで読めるか　　　　　　　　　　　117
5　役牌バックと赤🎲　　　　　　　　　　　124
6　副露手役と役牌　　　　　　　　　　　　127
7　一色手の先切り　　　　　　　　　　　　132
8　字牌カウント　　　　　　　　　　　　　134

PART5　点数状況判断
1　微差トップ目のリーチ判断　　　　　　　139
2　誰にアガられると都合がいいか悪いか　　143

3	変わる押し引き変わらない押し引き	151
4	変わる手組変わらない手組	156
5	オーラスアガリトップ？	162
6	ラス目でのノーテン押し	167
7	断ラスの親連荘の価値	171
8	なぜラス目には押せないのか	175
9	ツモられて負けなら押すべきなのか	180
10	他家の挙動を考える	184

PART6　作業の前倒し

1	麻雀における作業の効率化	190
2	オーラスの確認事項	193
3	タンキカウント	198
4	ツモに備えるということ	203
5	ベタオリ準備	207
6	不要牌	210
7	中盤の手牌と盤面認識	212
8	安牌を持つということ	217

あとがき　　　　　　　　　　　　　　222

PART1
序盤の手組

序盤の手組 1 —リーチを打つ—

　リーチはリスキーであるとよく言われますが、そもそもリスクとは何か。正しくは、「将来のいずれかのときにおいて何か悪いことが起こる可能性」です。ではダマテンはリスクがないのか。当然Noとなります。特に先制テンパイをダマテンにすることは、

・他家が自由に打牌できてしまう
・打点低下による次局以降の負担の増加、平均着順の悪化
・役なしの場合は出アガリ不可

　という大きなリスクを抱えることになってしまいます。手変わりはよっぽどの序盤か好形＋高打点変化がないとダマテンのリスクに見合いません。

　特に先制テンパイという、自分の勝率が明確に高い稼ぎ時に放銃のリスクなど気にすることではありません。相手がテンパイでも自分がテンパイなら、それが愚形だとしてもそれなりに押さなければならないのに、相手がノーテンの段階からオリる選択を考える必要などあるでしょうか。放銃するためには「相手が追いつく」→「相手のアガリ牌を自分が先に引く」という関門を突破しなければならず、自分が愚形でもハードルが高いです。好きに打たれて追いつかれる・放銃にならない牌を止めてオリるという選択をしてしまうリスクはさっさと排除しましょう。

相手の当たり牌などそうそう正確に読めやしません。よっぽどの終盤でないと、放銃率が20%に近くなることはないでしょう。それでも押して放銃して損になるのは5回に1回。5回に4回はオリると損します。20%刺さるとなると悩ましくもなりますが、そんなレベルの危険牌はそう多くはありませんし、掴む頻度もそう高くありません。テンパイしていれば無スジを切っていいんです。

　ラスの比重が重く放銃が罪になりやすい天鳳のようなルールでも、自分がテンパイという点棒の稼ぎ時を簡単に手放すわけにはいきません。点棒は増やさないと勝手に減っていきます。追いつかれて放銃するのが怖くてリーチを打ちたくないなら、リーチの供託を3000点にして一発裏ノーテン罰符なしくらいにするのがちょうどいいでしょう。麻雀は基本的にメンゼンテンパイするのは難しく価値のあることであり、リーチで放銃していいゲームです。

　麻雀においてリーチという手役は、こんなルール設定した奴は誰だと言いたくなるくらい壊れています。特に先制テンパイでの威力は甚大です。リーチと平均0.3枚ほどの裏ドラで1.3翻、ツモという手役との相性も抜群で、もはや2翻手役と言ってもさほど大げさではないでしょう。無理に三色（サンショク）や一通（イッツー）を狙わずともリーチというだけで2翻近くついてきます。

　序盤の手組の方針はざっくりと言うと「それなりのテン

パイを入れてさっさとリーチを打つ」ことになります。愚形2600はよっぽど序盤で好形高打点変化がないとリーチを打ちますし、先行リーチを受けていても多くは追っかけリーチを打ちます。愚形リーチは打たないとか、放銃をしないとかそういう縛りを設けて麻雀をするのなら、そもそもの手組が変わってくるため、以降の手組については愚形だろうととにかくリーチを打つという方針のもとにあることを前置きしておきます。

　東１局のフラットな状況で、12巡目までの動きのない見た目先制テンパイでリーチを打たないのは大まかに以下の手牌になります。

①子の４５６待ち愚形リーチのみ

②ダマなら出やすそうという情報のある好形満貫(マンガン)

③手変わりのある３〜７待ち愚形40符３翻以上

④ダマでハネ満以上

⑤50符３翻

⑥待ちが見た目２枚以下

　補足をすると、

①　ノミ手、弱い愚形となると親番でもないと放銃や手変わりロスのリスクに目を向けていいでしょう。打点ロスのリスクも大したことありませんし、４５６待ちだと出アガリのハードルも高くなります。１９２８待ちの愚形なら４５６愚形と比べてアガリの見込みは高くなるため、曲げ

ずにアガリを逃して他家のアガリを許してしまうリスクは許容しないケースが多くなります。

② ダマなら出やすそうとは、2人以上がアガリ牌をすでに切っている場合ですね。満貫クラスの高打点ならある程度は打点ロスのリスクには目をつむることになります。ダマなら出やすそうという情報がない場合も、ダマとリーチでは出やすさはだいぶ異なるため、中盤9巡目前後を目安にダマにすることも多くなります。序盤や3面張など曲げてオリられても高い和了率が見込めれば、出やすいという情報が多少あってもリーチになります。曲げれば12000になっていたのを8000にしてしまうのも明確な失点であるため、満貫あるからと簡単にダマにすることはできません。

③ 状況依存の大きい愚形40符3翻ですが、28カンチャン以上の強い愚形なら大体はラフにリーチを打つ方がいいでしょう。3〜7の弱い愚形の場合は、特に打点の落ちない手変わりがあればダマるパターンが多くなります。逆に、好形になっても手役が崩れてしまう場合は、打点が落ちてしまう分手変わりがあってないようなものなので、リーチ寄りになります。

④　4人打ちのハネ満以上の手はアガれるかアガれないかだけで、その半荘の結果に大きく影響します。序盤の3面張や河の強い七対子(チートイツ)の場1の字牌タンキなど、よっぽど曲げでも和了率の低下が小さいと見込めない限りダマテンがいいでしょう。

⑤　6400→8000、9600→12000と打点上昇は小さく、ほとんどはアンコを2種類以上持っていて裏ドラも乗りにくく、ツモってもハネ満になりにくいため、序盤の好形以外はダマテンにします。

⑥　見た目2枚となると待ちとして弱すぎるため、多くの手牌でダマテンにします。

システム1　－ダマテンはリスキー－

　ダマテンは打点のロス・役なしの場合は倒せない・打牌制限がかけられないという莫大なリスクを抱えており、多くの場面でダマテンの微々たるメリットはそのリスクに見合わなくなります。テンパイなら放銃は気にせずガシガシリーチを打ちましょう。特に先制テンパイは放銃リスクなど基本的に無視でいいのです。

序盤の手組 2 —字牌を切るということ—

Q1　手牌ＡＢＣから何を切りますか。以降 PART 1 の設問について、すべて東１局西家とします。

A　一萬 三萬 六萬 １筒 ５筒 ８筒 ２索 ４索 ６索 ７索 ８索 西 西 あ　ドラ 三萬　　３巡目

B　三萬 五萬(赤) 八萬 九萬 １筒 ４筒 ７筒 １索 ３索 ５索 ８索 ９索 中　ドラ 三萬　　３巡目

C　一萬 一萬 七萬 九萬 ３筒 ５筒 ６筒 ９筒 １索 ４索 ６索 ８索 北　ドラ 三萬　　３巡目

ブロックが足りない状況ではシャンテン数の進む受け入れは、孤立１は１２３で11枚あるのに対し字牌は３枚です。字牌は受け入れの質が優れていますが、枚数差を覆すほどではありません。

ターツを作りメンツ化する性能は、重ねないと使えない字牌よりも横にも伸ばせる１９牌の方が明確に優れています。麻雀は４メンツ１雀頭(ジャントウ)を作るゲームであり、序盤でその候補となるブロックが足りなければ自分の受け入れを最優先とし、「１９牌＞役牌＞オタ風」の優先度で残すのが大原則となります。

ブロックが足りている場合はより優れたターツを作るために２８の数牌を残して使いにくい字牌は蹴り飛ばします。序盤については他家のリーチの心配はせず、自分の手牌都合を最優先とします。

Q1解答　手牌A　[南]　手牌B　[中]

　手牌Aや手牌Bのような牌姿から手が勝手に字牌を切っているくらいに習慣づけましょう。1メンツのあるドラ1枚、ドラ2枚と3巡目としてはなかなかの手牌です。これだけの手牌をもらって序盤から守備なんて考える必要ないんです。現状手牌Aはマンズ1、ピンズ1、ソーズ2ブロックで4つしかブロックがなく、[発]にくっついてのカンチャン・ペンチャンには明確に価値があります。

　手牌Bはマンズ2、ピンズ1、ソーズ2とブロックは足りていますが、愚形が多くまだまだ好形ターツを作りたいところ。字牌よりも好形を作るために28の数牌が必要です。わからない他家の手牌など気にせず自分の手牌を大事にしましょう。

　愚形を作ることに不安がある人もいるかもしれませんが、大前提として、

・テンパイなら愚形でも戦っていい
・字牌は安牌(アンパイ)ではない

という認識を持ちましょう。ベタオリする面でもポンチーして手牌7枚では苦しくなりますが、手牌13枚キープしている分には全力でベタオリすれば、字牌がなくてもそれなりに何とかなります。そして安全でもない字牌を1枚持ったところでそれほどオリ打ち率は下がりません。最強手役であるリーチを目指して一直線に進めましょう。早

いリーチに手詰まってオリ打ちするのは麻雀するうえでの必要経費とします。また、

・１９牌で作るターツは優れた愚形になりやすい

　という点も見逃せません。ペンチャンはあまり優秀ではないですが、２８カンチャンや１９シャンポンは愚形としては強い部類であり、時には３６や４７の弱いリャンメンよりも優れていることもあります。誰かの安牌になれば攻守兼用のブロックにもなります。

Q１解答　手牌Ｃ

　４メンツ１雀頭候補となるブロックが揃っている場合は、現状持っているブロックより優れたターツを作らなければなりません。劣ったターツを作ったところで、それを切ることになる以上作る必要がありません。よってブロックが足りている場合は１９牌が手役に絡む場合を除き、「役牌＞オタ風＞１９牌」の優先度で残すことになります。

システム２　－字牌を切る－

　すでに多くの場で「ブロックが足りなければ字牌を切る」ことの重要性が語られており、手組の大原則といえます。ごくごく当たり前のことですが、まだまだ普及しきっていません。繰り返される必要があるでしょう。

序盤の手組 **3** －ドラ1とドラ2－

Q2　手牌ＡＢＣから何を切りますか。

A　三萬 四萬 六萬 八萬 ⅢⅢ ⅢⅢ 🀕 🀕 ● ●● 北 中　ドラ 三萬　3巡目

B　伍萬(赤) 伍萬 七萬 ⅢⅢ ⅢⅢ 🀕(赤) 🀕 ● ●● ⅢⅢ 🀕　ドラ 三萬　5巡目

C　四萬 六萬 六萬 ⅢⅢ(赤) 🀕 🀕 ● ●●　　癶 癶　ドラ 三萬　2巡目

　配牌をとって２翻手役は見えないが使えそうなドラは１～２枚ある。そういう手牌は「リーチツモ」や「リーチ裏」という２翻手役が満貫作りに最も貢献しやすく、字牌から蹴り飛ばしてまっすぐ進めるという大原則がより強くなります。１翻手役での副露(フーロ)手順については、

・タンヤオとしてのブロックが揃っている

・役牌トイツをすでに有している

　これなら仕掛けを意識した手組をすることもありますが、そうでない状態からわざわざ打点を落として手牌を狭めてまで追う必要はありません。

　そもそもアガリの偉いルールや状況でない限り、ドラ１やドラ２の手牌で安く仕掛けるメリットは小さいです。

　仕掛けた後の分岐をパターン分けすると、

・仕掛けなくても間に合う場合

　→打点の損失

・仕掛ければ間に合うが仕掛けなければ間に合わない
　→仕掛けによってアガリが見込めるようになり得する
・仕掛けても間に合わない
　→ベタオリ失敗率上昇。損する

　となります。ドラ１やドラ２の仕掛けての2000や3900の手牌については、メンゼンではリーチという２翻手役によって1000-2000や満貫、手牌によってはハネ満クラスすらあり、打点のロスという「仕掛けなくても間に合っていた場合」のデメリットが痛手になります。仕掛けた安手のノーテンは基本的に全く押し返せないため、「仕掛けて間に合わなかった」場合のデメリットも厳しいです。仕掛けが増えるほど１巡あたりのリーチ者の捨牌が自分の手牌にヒットする確率は下がります。雑に言うと７枚と13枚では倍近く違います。押し返せないということが前提にあるため、仕掛けることで押し出されるかもしれない１枚や２枚のリスクに敏感にならなければなりません。通っていない役牌をトイツ落としさせられることすら避けたいところです。ドラ１～２の安手で仕掛けるには、

・明確に先手が取れるようになる
・ベタオリ成功率を気にしなくていいくらい受けが利く
　このいずれかを満たさなければなりません。

　メンゼンならリーチという手札を残せており、手牌も13枚あるため手詰まるリスクに対して寛容になれます。

字牌を守備に遠いホンイツという2翻手役で満貫を狙うように、メンゼンを守備にリーチ+αという2翻手役で満貫を狙いましょう。「安手でそれほど仕掛けなくていい」という方針について確認したところで、序盤の手組に戻ります。

Q2解答　手牌A　🀄

　明らかに優秀で「仕掛けなくても十分先手がとれそう」ですよね。このレベルの手牌で🀄を重ねたところで仕掛けられるようになるメリットがまるでないどころか、ピンフもタンヤオも確定で消えてしまいます。メンタンピンドラ1でアガるための効率を最大化しましょう。このように、「イケてるドラ1〜2の手牌」については「オタ風＞役牌」の優先度で残します。自分にとって役牌を重ねるメリットが希薄であり、それならば脇が役牌を重ねてしまう、鳴けるような牌姿になってしまう前に処理しましょうということですね。ただし、

一萬二萬三萬六萬七萬 🀝🀝🀝 🀛🀜🀝 🀊 北　　ドラ 六萬

このように、雀頭があり役牌シャンポンリーチがはっきりと見えている場合は、その1翻のために打北とします。☐が重なってから脇から☐が切られてしまった場合は、
・スルーしても高めが1枚なくなってしまう

・急所を捌いての1シャンテン→好形テンパイは「仕掛けによって間に合うようになる」ケースがあまりにも多いため、渋々ポンテンをとることになるでしょう。また、

三萬 六萬 七萬 九萬 🀇 🀇 🀄 🀆 🀆 🀁 北　　ドラ 七萬

このように、役牌が重なっても愚形だらけやヘッドレス等で仕掛けにくいようなドラ1の手牌も、重ねたところで結局仕掛けないという選択をすることになるため、役牌を切ってオタ風を残すケース、場に切られている字牌を優先して残すケースが多くなります。重ねて仕掛けたところで先手は難しく、オリることになるのがほとんどのため、13枚キープしてオリやすい体制を残しながらたまたまメンゼンで張ったときだけ勝負しようということですね。「すごくいい」「すごく悪い」の両端が役牌を残す価値が低くなります。

Q2解答　手牌B　🀇

🀇を残してのクイタンはわざわざカン🀇という受け入れを見切ってまでドラ2の手牌で見る必要性はありません。5巡目でこの手牌は十分先制リーチが見込めます。1メンツに4ターツでうち2つはフォロー付き。これだけの豪勢な手牌をクイタンにして、

・3900止まり、満貫になってもドラ絡み

- 🀅🀠🀡 のフォロー付きトイツを弱トイツに劣化させる
- 🀕🀖🀗🀘 のメンツを 🀕🀖🀘 の愚形ブロックに劣化させる
- 🀍 に 🀎 がくっついても愚形にしかならなくなる

としてしまうのは、手牌価値を大きく落としているといっていいでしょう。７８８９の８を残してクイタンを見るのは、満貫確定クラスか打点不要のアガリトップぐらいです。テクニックの使い方を間違えないようにしましょう。愚直にメンゼンの横伸びを最大にみて、手なりで進めて愚形になってもリーチを打てばいいのです。クイタンドラ２とリーチドラ２は全然打点が違います。

Q２解答　手牌C　🀫

形が苦しめでかつ、役牌トイツをすでに持ってしまっている場合は、話は少し変わってきます。役牌が重なる前なら無理に手狭にしてまで副露手順を追うことはありません。重ねたところで大して仕掛けやすくないですから。ですが、役牌トイツを持っている場合はすでに仕掛ける手順がはっきりと見えているため、仕掛け意識の手組をすることになります。副露手の場合は「リーチツモ」「リーチ裏」といった２翻手役が使えないため、それ以外の打点要素の価値が上がります。役牌を重ねることで

- +1翻

- 守備力上昇
- 片アガリ防止
- これらのメリットにより仕掛けやすくなる→速度増

　と、役牌1トイツの遠めの手牌は2つ目の役牌を重ねるメリットが大きいです。そのため優先度が逆転し、ブロックが足りなくても「役牌＞１９牌」で残すケースも出てきます。逆に言えばこれくらい条件が揃わなければ、5ブロック揃わない手牌は１９牌を残して字牌を切っていくということです。

システム３　－ドラ１ドラ２はリーチリーチリーチ－

　ドラ１ドラ２の手牌はリーチという実質2翻手役と最も相性がよく、仕掛けとの相性が悪くなります。遠くても仕掛けた手役で満貫が見えるなら仕掛けが重要になりますが、そうでなければメンゼンで守備を重視しながら2翻手役であるリーチを大切にしましょう。

システム４　－鳴けなくていい－

　壊れ手役であるリーチが失われてしまう仕掛けについては、手狭にしてまで強引に狙う必要はあまりありません。手なりで進めてリーチを打つ、後手を踏んでしまったら13枚を使ってベタオリする。このシンプルな方針は非常に強力です。

序盤の手組 **4** －ドラ０とドラ３－

Q3　手牌ＡＢＣから何を切りますか。

A　[三萬][七萬][九萬][⑤][⑤][⑧][2][3][7][8][9][東][　]　ドラ [⑤]　5巡目

B　[赤伍萬][六萬][九萬][九萬][③][⑤赤][⑧][2][3][7][8][9赤]　ドラ [⑤]　5巡目

C　[一萬][伍萬][七萬][九萬][九萬][⑤][⑧][7][8][9][南]　ドラ [⑤]　4巡目

　ドラ３以上なら「仕掛けなくても間に合っていた」場合の打点ロスの損失が小さく、「間に合わなかった場合」のベタオリ失敗率上昇も押したい手牌のため気になりません。仕掛けた結果間に合った場合の恩恵があまりにも大きいため、仕掛けられる種ができていない段階からでもある程度仕掛けは意識します。遠めの手牌ならブロックが足りていなくても弱めの孤立２８牌程度なら役牌を優先して残すことも多くなります。

　ドラ０の場合はメンゼンで先手が取れたところで打点に繋がらないことも多くなるため、仕掛けられることの価値が高くなります。愚形になりそうなら先手が取れていてもリーチは打ちにくく、例外的に序盤からでもオリる手順を重視することになります。

　高すぎる場合と安すぎる場合がリーチの価値が低くなり、仕掛けの価値が高くなるということですね。

Q3解答　手牌A 🀇

🀇にくっつけてもリーチには遠く、🀃と受け被りで孤立２８牌としては弱め。愚形が多めで東や⬜が重なった際に仕掛けが利くようになることによる速度アップの価値が高いです。間に合わないリスクを負ってでも前に出る価値のある手牌のため、「仕掛けられるようになる」ことを重く見て受け入れを狭めてでも🀇を切って役牌２種を残します。

Q3解答　手牌B 🀐

ピンズの二度受けを２ブロックに見ればタンヤオのブロックが足りていますが、では九萬をトイツ落ししして早くなるのかという問題です。確かに仕掛けは利くようになるものの、ピンズとソーズが愚形だらけになってしまいます。ポン４倍速、チー２倍速なる言葉がありますが、それはあくまで相手がツモ切りマシーンだったらの話です。

絞られる絞られない以前に、単純にタンヤオの急所となりがちな３～７の牌は必要とされて手の内に残りやすいという面で、仕掛けが利くようになったところでさほど早くなりません。それに対し、メンゼンで進めれば好形だらけ。１か所愚形が解消されれば好形が確定し、その好形確定の受け入れも九萬🀙🀚🀛と広めです。

ドラ３以上で仕掛けを大事にするのはあくまで仕掛けに

よって「速くなる」ことの恩恵が大きいからです。仕掛けによって速くならない場合は広いメンゼンがいいよねという話ですね。ドラがたくさんあると無理にでも仕掛けたくなってしまいますが、あくまで「早くなっているのか」を吟味しましょう。クイタンは持っている１４６９リャンメンがドネックになるのはもちろんのこと、孤立２８３７牌の強いリャンメンを作る性能が損なわれるのも見逃せません。端待ちリャンメンはクイタン全盛となった現在では強力な受け入れ・待ちになります。

また、仕掛ける場合はドラを多数見せなければならないのに対し、メンゼンではツモ次第ではダマテン、リーチツモでのハネ満が見えるのも重要でしょう。満貫→ハネ満の打点上昇は必死に仕掛けてできたクイタンドラ２の１回分です。満貫は十分打点とは言われるものの、狙えるハネ満は逃せません。

Q３解答　手牌Ｃ　[一萬]

現状４ブロックですがターツはすべて愚形。ドラが１枚でもあればメンゼンで進めれば最低限の打点が担保されているため、「１９牌にくっつけてできた愚形でリーチを打ちにいく」という方針でいけますが、ドラ０ではそうはいきません。序盤からでも守備と仕掛けを意識して「役牌＞オタ風＞１９牌」の優先度で残す場合も出てきます。役牌

を重ねたところで仕掛けて前に出られるわけではありません が、いかんせんメンゼンでうまくいったときの恩恵も少なすぎるため、仕方なく好ツモで手が伸びたときに仕掛けられることの恩恵を大事にします。

　守備面については、特に「３〜７牌以外のトイツを持っていない場合」は字牌を残します。詳細は別項目でも扱いますが、１９２８牌のトイツは生牌(ションパイ)の字牌１枚と比べてベタオリ性能に遜色ない、場合によってはそれ以上になるからですね。そうでなくても手牌Ｃのように、「愚形ブロックのみ」「ドラなし」の条件が揃えばブロックが足りなくても気休め程度に生牌のオタ風を残して１９牌を切っていいでしょう。場に切られている字牌など、より安全度の高い牌を引いてくればそちらを大事にしたいところですね。

システム５　－遅いクイタンは見ない－

　満貫がちらつくと、多少強引にでも仕掛けたくもなります。ですが、特にテンパイから遠い段階ほど、１副露の恩恵は小さく、２副露目以降やテンパイ以降のハードルが高くなります。早くならないのに無理に仕掛けるくらいなら、メンゼンで手広く構えてついでにハネマンクラスを見る方がいいですね。クイタン病には要注意です。

序盤の手組 5 —ブロックが足りているときの比較—

Q4　以下の手牌ＡＢＣはすべてブロックが足りています。どのような基準によってどの牌を切りますか。

A　三萬 四萬 六萬 七萬 三筒 五筒 六筒 二索 三索 六索 七索 八索 發　ドラ 發　3巡目

B　一萬 三萬 六萬 一筒 三筒 五筒 六筒 三索 五索 七索 八索 九索　ドラ 三筒　3巡目

C　二萬 四萬 六萬 七萬 三筒 五筒 六筒 三索 五索 七索 八索 九索　ドラ 發　2巡目

　序盤はブロックが足りていなければ字牌から切り出し目いっぱいに構えると述べました。ここからはブロックが足りているときについて、①「好形変化」②「好形確定」③「打点要素」④「余りターツ」に分けて比較していこうと思います。受ける牌については愚形リーのみになりそうでない限り序盤ではあまり考えません。言葉について補足すると、

②好形確定

　あと１か所愚形が解消されれば好形が確定するときの好形変化。好形になっても別ターツで愚形が残ってしまう可能性がある場合とは異なり、好形確定の場合はリーチ時の勝率上昇はもちろんのこと、ツモ率上昇により打点にも繋がります。カンチャン×２の１シャンテンがカンチャン＋リャンメンに変化しても、ダイレクトテンパイは３回に２

回はカンチャンになるわけで変化を含めてもなかなか最終形に好形は残りません。愚形残り→好形確定は実質1ハン増しくらいの認識でいいでしょう。ただの好形変化よりも遥かに優秀になります。

④余りターツ

6ブロックの手牌の中で最も弱いターツを指します。最終形は4メンツ1雀頭になり必ずどれか1つ余ることになるため、一手進んだ場合に備えて先に切り強い孤立牌や安牌を持つか、シャンテン数を進めるためにパンパンに構えるかを比較することになります。手牌Aの🀇🀈と手牌Cの🀌🀎がこれに該当しますね。大まかな基準としては、

・ドラ0の場合

「打点要素（2翻）」＞「好形確定」＞「打点要素（1翻）」＞「好形変化」「余りターツ」

・ドラ1の場合

「好形確定」≧「打点要素（2翻）」＞「好形変化」≧「打点要素（1翻）」

・ドラ2以上

「好形変化」「余りターツ」＞「打点要素」

となります。　要は打点のない手は打点上昇を大事にする、打点のある手は好形や受け入れを大事にするということですね。

Q4解答　手牌A 🀫

カン🀋受けの余りターツ🀋🀋と孤立牌の🀈とドラ役牌の🀄の比較になります。それぞれの機能は、

🀋🀋　ピンフのみの好形が確定しシャンテン数が進む

🀈　好形確定が２種あり、不確定のタンヤオや三色目で０〜３翻の打点も兼ねる

🀄　打点要素

となります。現状のブロックはミニマムリーのみで、🀋🀋がいきればリーチ＋ピンフのみ、それ以外のブロックで手が作れれば、タンヤオが追加されやすく残る孤立牌によって大きな打点上昇が見込まれます。よって、🀋を切って🀈🀄を残すとします。🀈が赤なら🀋🀋を使ってもリーチ以外にピンフとドラの２翻と十分な打点が見込まれるため、打点上昇だけの🀄を切って６ブロックでパンパンに構えます。

また、役牌のドラについては「自分の手牌に必要なら残す、必要ないなら切る」のが原則となります。見えない他家のメンゼン手牌よりは、見える自分の手牌の事情が優先されます。安手の場合は重ねるメリットが大きいため受け入れを狭めてでも引っ張り、すでに打点がある場合は重ねなくても十分価値のある手牌のため、受け入れを優先して切っていけばいいでしょう。

Q4解答　手牌B　🀎

孤立牌の🀎と🀟の比較になります。それぞれの機能は、

🀎　好形変化2種

🀟　1翻の打点上昇2種

となります。現状のブロックはリーチドラ1ではありますが、ドラ🀠のカンチャンが残る愚形2600の中でもワースト形であり、強愚形のノミ手と価値に大差ありません。それならば、好形変化だけの🀎を切って三色とドネックのカン🀠を解消できる🀟を残すとします。ドラ🀠ならすでに打点があるため好形受け重視の打🀟とします。ドラ🀠で大差なしくらいになるでしょう。また、

🀈🀉🀎🀠🀡🀢🀣🀟🀋🀌🀍🀅　ドラ🀠

このように🀎にくっついて好形が確定する場合は打🀟とします。好形ができるのと好形が「確定する」のは段違いであることを把握しましょう。

Q4解答　手牌C　🀋

ペン🀋受けの余りターツ🀅🀋と孤立牌🀣の比較になります。それぞれの機能は、

🀅🀋　愚形残りでシャンテン数が進む

🀣　好形変化でありタンヤオと高めピンフの1翻+αの打点も兼ねる。

となります、現状のブロックはミニマムリーのみで、うまくいってもピンフのみとタンヤオの1翻による打点上昇の価値が高いため、🀇を残して打🀏とします。また、🀇はあくまでタンヤオでリーチを打つために残します。中盤妥協して2シャンテン→1シャンテンや1シャンテン→テンパイの仕掛けをすることはあっても、現状の手牌に仕掛ける牌は何もありません。遠い1000点2000点のクイタンはオリたいのにオリられない罪な盤面を量産するためしないのが原則です。

システム6 －満貫を作れ－

　満貫を狙うのが効率いい。昔から言われていることですね。何をいまさらと思うかもしれませんが、仕掛けて相手の手を潰すことの評価が上がっている中、改めて自分の手牌を勝負手になる可能性を見出せないか、見直されていいと思います。特にかわしにいって放銃することが激痛となり、高打点で勝負してラス候補を作る、ラスのない安泰な状況を作ることが重要な天鳳というフィールドではなおさらでしょう。満貫にするアプローチとして、リーチツモ裏を見るのか、三色や一通や七対子を見るのか、ドラを見るのか、仕掛けた一色手やトイトイがあるのか、どれも無理なのか吟味しましょう。

序盤の手組 6 －複合形・連続形－

Q5 手牌ＡＢＣＤから何を切りますか。

A 二萬 四萬 伍萬 八萬 九萬 ⑥筒 ⑦筒 ⑨筒 3索 4索 6索 7索 北　ドラ 2索　3巡目

B 四萬 四萬 ③筒 ⑤筒 ⑥筒 ⑦筒 3索 4索 6索 7索 8索 北　ドラ 7索　3巡目

C 三萬 四萬 伍萬 八萬 九萬 ⑤筒 ⑥筒 ⑥筒 ⑦筒 3索 4索 6索 7索　ドラ □　5巡目

D 三萬 四萬 四萬 九萬 九萬 ①筒 ⑤筒 ⑥筒 3索 4索 5索 6索 北　ドラ 三萬　4巡目

複合形や連続形で強い形というとどのようなものがあるでしょうか。くっつきとして強力な ③④⑤⑥ のような四連形、待ちとして強い ④⑤⑥⑦⑧、待ちとしても雀頭づくりにも優れた ③④⑤⑤⑥ のようなメンツとリャンメンがくっついた形。いろいろありますね。

こういった形を手の内に有していれば大事にするのは当然のことでしょう。ですが、そういった強力な形を作ろうとする意識を持つこともまた、重要なこととなります。

Q5解答　手牌A　北

現状ブロックが足りている手牌です。二萬や⑥筒を切ってもツモ 三萬 六萬 ⑤筒 ⑧筒 でのシャンテン数は北を切るのと変わりませんが、

🀇🀈🀉🀊・🀇🀉🀊🀋 と 🀈🀉🀊北・🀉🀊🀋北

🀐🀑🀒🀓・🀐🀒🀓🀔 と 🀑🀒🀓北・🀒🀓🀔北

　これは圧倒的大差になります。🀇🀉🀊の🀇のようなリャンメンターツの隣の牌は四連形という強力な形を作るために重要な牌です。2メンツや1メンツ1雀頭を作るのに優れています。好形ターツが揃っているなら不要になりますが、序盤で好形が揃っていないなら字牌の守備力よりも価値が高いものになります。安易に数牌を切らずに連続形を作りにいきましょう。

Q5解答　手牌B　北

　複合形は強いものから弱いものまで様々です。それぞれの形の特性を把握して、どういう機能を有するのかを覚える必要があります。ピンズの🀐🀑🀒🀓🀕の形はシャンテン数の進む受け入れは🀕を切っても残しても🀒🀓で変わりませんが、ツモ🀔の場合、

🀐🀑🀒🀓🀔🀕 と 🀐🀑🀒🀓🀔北

🀐🀑🀒🀓🀔🀕 と 🀐🀑🀒🀓🀕北

となり、カン🀒やカン🀔の受け入れ・好形変化という大きな差が生まれます。これが、

🀋🀋🀐🀑🀒🀓🀔🀖🀗🀘🀙🀚🀝北

このような1シャンテンの場合だと、[牌]を残しても違いはツモ[牌牌]でシャンポンにしか取れないか、カンチャンとシャンポンを選べるかにしかなりません。よって最序盤でツモ[牌]での二度受けまで見る場合を除き、[牌]を切って安全度の高い牌を残すとなります。[牌牌牌牌牌]の[牌]は1シャンテンでは機能しない、2シャンテン以下で機能すると一般化できるわけですね。

こういった形については覚えなければならないのはもちろんですが、どのような機能性を有するかを発見するには様々な形で切り取ることがミソになります。[牌牌牌牌牌]なら[牌牌]・[牌牌]・[牌]という切り取り方だけでなく、[牌牌牌]・[牌牌]と切り取る見方ができれば、[牌]の機能性に気付けるわけです。

Q5解答　手牌C　[九萬]

切り取り方によって見方を変えることで、打牌選択が見出せる牌姿です。単純に見ればマンズ2、ピンズ2、ソーズ1ブロックの牌姿ですが、ピンズの見方を変えれば[牌牌]・[牌牌]・[牌牌]という3ブロックにも見ることができ、この見方ならタンヤオやピンフが伴います。よってリーのみになるマンズペンチャンを払う打[九萬]となるわけです。また、ソーズの[牌牌牌]も、リャンメントイツの1ブロックとしてだけでなく、リャンメンの[牌牌]と孤立の[牌]や、

トイツの🀈🀈と孤立の🀈とみることもできます。🀈を引けば🀈🀈🀈🀈でいわゆる中膨れ形、🀈🀈・🀈🀈で2メンツ候補と見ることができますし、🀈を引けば🀈🀈・🀈🀈で雀頭と1メンツ候補と見ることもできます。リャンメントイツは1ブロックを作るのに強力なのはもちろんのこと、2ブロックを作る構想も大事にしましょう。ピンズ3ブロックだけでなく、ソーズ2ブロックのメンタンピンも、序盤なら十分視野に入ります。

Q5解答　手牌D　🀃

　ドラを使いたいからと🀋を切るのは悪手となります。ツモ🀉🀌での打🀋と打🀃の牌姿を比較すれば一目瞭然でしょう。打🀋は1枚のドラを使い切ることに囚われてドラ受けが弱くなってしまっており、ドラを大事にするはずが大事にできておりません。ドラリャンメン固定はドラ周りを複合させて2ブロック作る構想がないか常に確認しなければなりません。

システム7　－複合形の芽を摘むな－

　持っている複合形・連続形は多くの人が大切にするでしょう。大切な複合形が生まれるようにするために複合形の芽を手の内に残すのが序盤では重要になります。字牌を切って数牌を残しましょう。

序盤の手組 7 —シャンテン戻しと実質ブロック—

Q6 4メンツ1雀頭を完成させるにはシャンテン数を進めるのが原則ですが、例外的にシャンテン数を戻すことも稀にあります。どのような基準でシャンテン数を戻しますか。

Q7 手牌ABCから何を切りますか。

A 三萬 伍萬 六萬 六萬 七萬 ③ ⑧ ⑧ 1筒 1筒 1索 北 北　ドラ 發　3巡目

B 一萬 二萬 伍萬(赤) ③ ④ ⑥ ⑦ 1筒 1筒 9筒 中 中　ドラ 伍萬　3巡目

C 一萬 二萬 六萬 六萬 七萬 ③ ⑧ ⑧ 1筒 1筒 1筒 中 中　ドラ 1筒　5巡目

　ここまでブロックが足りない場合は字牌から切って19牌を残しターツを作ることを優先するとしてきました。その例外は愚形リーのみになりそうな場合としています。

　逆に言えば、愚形リーのみになりそうな場合は既存の5ブロックの価値が低く、打点が伴う孤立牌を実質的に1ブロックとみなして最も弱いブロックを払い、シャンテン数を戻すパターンも出てきます。シャンテン数を戻す基準は以下の通りとしています。

Q6解答例
①現状のブロックでは愚形リーのみになりがち

②戻すことによって、+1翻+αが見込まれる
③現状2シャンテン以下でテンパイから遠めであること
　各基準を補足すると、
①　すでに打点がある場合は既存のブロックを完成させて先制リーチを打ちにいくことに価値があるため、シャンテン戻しはしづらくなります。
②　戻したところで打点が見込めなければわざわざ戻すメリットがないため、リーのみになるのを承知で手を進める方がマシとなります。リーチを打てずともひょっこりツモる可能性を序盤から否定することはないでしょう。
③　テンパイに近い場合はシャンテン数を戻すことによる速度低下が大きいため、シャンテン戻しはしづらくなります。1シャンテン→テンパイと、3シャンテン→2シャンテンでは、同じシャンテン数を1つ進めることでも受け入れの量が違いすぎるため、戻すことの痛手が全く異なるということですね。

Q7解答　手牌A　北

　手牌Aについては、現状マンズ1、ピンズ2、ソーズ1、北で5ブロックですが、これらで4メンツ1雀頭作るとうまくいって好形リーのみです。それなら 三萬 六萬 🀝 どれかにくっつくことを前提に、この3枚を実質1ブロックとみなして、リーのみ→メンタンピン、三色や一盃口を見て

[北]をトイツ落としし006ます。これが例えばドラ[🀃]ならミニマムでもリーチドラ1になり、決め打たなくてもタンヤオになるルートは残せるため、シャンテン戻しをするほどではないとして打[三萬]とします。

Q7解答　手牌B　[一萬][二萬]

浮いているダブドラを使えればリーチ+2翻、使えなければリーのみと打点が大差のため、使うことを前提に実質ブロックとみなします。マンズ下1、[伍萬]1、ピンズ2、ソーズ2でブロックが余っているとみなして、最も弱いマンズペンチャンを払います。テンパイから遠い段階のノミ手のため、[伍萬]が赤でなくてもマンズペンチャン落としがいいでしょう。[伍萬]がドラでなければ、くっつけたところで確定しない好形変化でしかないため、ダイレクトのペンチャン埋まりを拒否するほどではないでしょう。

Q7解答　手牌C　[一萬]

現状1シャンテンとシャンテン数を戻すのには痛手の大きいところですが、+2翻に好形確定の可能性まで伴うなら、例外的にドラ1の1シャンテンであってもシャンテン戻しをする方がいいでしょう。序盤については、

[一萬][二萬][六萬][七萬][八萬][🀙][🀝][🀝][🀑][🀑][🀂][🀂]

このテンパイ形でもペンチャンを払って戻しがいいでしょう。それだけ +2 翻と好形確定は大きいです。1シャンテンならタンヤオリーチに決め打ちがいいでしょう。ダイレクトの[三萬]ロスはかなりの痛手ですが、[四萬]〜[八萬]やピンズの先引きで[六萬]を残せないのも大きな痛手となります。これが例えば、

[一萬][二萬][六萬][七萬][八萬][三筒][四筒][五筒][一索][二索][三索]　ドラ[五索]

このようにタンヤオが絡まずピンフがつくのみ程度なら、2、3巡目のようなよっぽどの最序盤でもない限り即リーがいいでしょう。

[一萬][二萬][六萬][六萬][七萬][三筒][四筒][五筒][一索][二索][三索]　ドラ[五索]

このイーシャンテンも戻しにくくなり、半端ですが打[六萬]としてダイレクトの[三萬]引きは逃さない構えがいいでしょう。

システム8 －愚形リーのみから脱却せよ－

愚形ノミ手は曲げにくいため、わざわざ作る価値は低いです。そのため、ノミ手から脱却できるような打点上昇の見込める孤立牌は、手牌に組み込むのを前提に実質ブロックとみなします。

序盤の手組 8 －決め打ち－

Q8　一色手や七対子はどのような手牌で決め打ちますか。染めのターツ数やトイツ数における決め事はありますか。

Q9　手牌ＡＢＣから何を切りますか。

A　四萬 二筒 三筒 四筒 五筒 六筒 七筒 八筒 六索 七索 八索 南 中　ドラ 五筒　6巡目

B　伍萬 伍萬 七萬 七萬 五筒 六筒 七筒 八筒 六索 七索 八索 東 南　ドラ 二萬　3巡目

C　四萬 三筒 六筒 七筒 八筒 六索 七索 八索 東 北 發 中　ドラ 八萬　3巡目

　決め打ちをするということは、手なりのメンツ手を見切るということになります。ということは、手なりのメンツ手と比べて決め打つことによって
・打点が飛躍的に上昇する
・速度ダウンが小さい。もしくは早くなる
　という条件が必要となります。

Q8解答例
　染ターツ数やトイツ数で決めるのではなく、
・リーのみか、高くてドラ１
・愚形多めでテンパイから遠い
　といった手なりメンツ手としての価値が低いか否か、決

め打ちによって「3翻+αの中〜高打点が見込めるか」で決まります。

　手なりのメンツ手で高くなるなら決め打ちの必要はありませんし、早くてアガリが見込めそうな手牌なら決め打ちの速度ダウンのデメリットが痛手になります。よって、決め打ちには染めのターツ数やトイツの数はそれほど基準になりません。メンツ手として遠い愚形リーのみなら、一色のブロックが3つしかなくても一色に向かいますし、トイツが3つしかなくても七対子に向かいます。あくまでも「手なりのメンツ手と比べてどうか」が決め打ちするか否かのポイントとなります。「シャンテン戻しと実質ブロック」の項目でも扱いましたが、愚形リーのみになりそうなら、見える打点要素を残して手狭に構えるのは序盤でも行います。それと同じことですね。

Q9解答　手牌A　南

　ピンズと字牌で11枚ありますが、これは一色に決め打たずに字牌から切ります。染めなくてもタンピン・ドラ受け・一盃口・リーチで満貫クラスが見込めるため、決め打たなくても高打点が十分見込めます。それを見切る必要はありません。むしろ字牌を使ってのホンイツにしてしまうと仕掛けた場合にせいぜい3900止まりになってしまいます。一色手にするならチンイツ一本でよく、低打点のホン

イツは要りませんということですね。

　チンイツの相方はホンイツよりもリーチになることは多いです。打点のために一色手にするはずが低打点のホンイツにまとまってしまうということがないようにしましょう。これが例えば、

[四萬][二筒][三筒][四筒][五筒][六筒][七筒][八筒][六索][七索][八索][南][中]　ドラ[一萬]

これなら、うまくいってもピンフ一盃口でリーのみやピンフのみになりがちと、メンゼンリーチではそれほどの打点にならないため、字牌を残して一色に決め打ち寄りになります。字牌を重ねるために残すのではなく、チンイツでのアガリを目指してマンズ、ソーズを切り遅れないようにするために数牌を先に切るということですね。

Q9解答　手牌B　[六筒]

　字牌を切るのが広いですが打[六筒]として、七対子の待ち候補としての字牌を残します。[六筒]を使ったメンツ手は愚形リーのみになりそうです。[伍萬]が赤で最低でもリーチドラ1が確定しているならメンツ手に価値があるためとりあえず字牌を切って受け入れを広く構えますが、愚形リーのみになりそうな手牌なら字牌を残して七対子を重視する方がいいでしょう。

　ピンズを[三筒][四筒]、[六筒][六筒]と切り離して2ブロックとみれば、

タンヤオとしてのブロックは足りています。リーのみにしかならない手牌ならリーのみに向けて進めざるを得ないですが、リーのみ以外のルートがあるならそれを大事にするということですね。

　すんなり七対子イーシャンテンになった場合は、タンヤオでのメンゼンリーチもクイタンも遠いため、七対子一本に決める方がいいでしょう。七対子は最終形の待ちの強さが重要であり、両天秤にしてしまうと待ち候補として優秀な牌を残しにくく、七対子としての価値が大幅に下がります。シャンテン数を数えるのが面倒なくらいのメンツ手よりも、すでにイーシャンテンの七対子の方が重要となります。例えば、

🀋🀋🀍🀍🀔🀔🀖🀘🀙🀜🀝🀟🀀🀁 ドラ 🀊 →打 🀔

リャンメンと赤があってもう少しメンツ手として強くても、

🀋🀋🀍🀍🀔🀔🀖🀘🀙🀜🀝🀟🀀🀁（🀔赤）ドラ 🀊 →打 🀘

といった感じですね。危険になりやすい内側の牌から切り、七対子としての戦いやすさを大事に。🀋 が赤でリャンメンができても、仕掛け込みでも3シャンテンのタンヤオは遅いため1シャンテンの早くて高い七対子を優先します。

Q9解答　手牌C　🀄(四萬)

　手なりのメンツ手では愚形リーのみになりがちであり、先手を取ること、押し返してアガリ切るのは難しそうなため、チンイツを目指して一色手に決め打ちの打🀄(四萬)とします。現状一色手に向かうには3ブロックしかないですが、手なりのメンツ手としての価値が低いための決め打ちとなります。また、一色手に決め打つ際に、別色は数の多い方から切って染める色を絞らせない戦略はありますが、この手牌なら、

・🀄(北)にくっつけばマンズ上を引いてジュンチャンで満貫も見えなくはない。一色の高打点にするにはチンイツしかなく遠いため一応見る価値はある

・仕掛けはピンズからであり、引いてきたマンズもドラ以外はバラ切りすることになるため、ぼやかすのは難しい

　という2点から色を絞らせない必要はないでしょう。

　また、ドラ🀄なら、それなりに見えるリーチドラ1を逃すのが痛手なため、字牌から切る方がいいでしょう。

システム9　－チンイツは見る、ホンイツは見ない－

　一色手に寄せる際、チンイツは仕掛けても5翻スタートと打点が確保されています。しかし、ホンイツについてはそれ単体では2翻にしかならず、大して戦える手牌にはなりません。役牌やドラが付随していないと狙う価値は低いでしょう。

序盤の手組 9 －副露手－

Q10　手牌ＡＢＣから何を切りますか

A　一萬 三萬 五萬 六萬 七萬 五筒 八筒 四索 四索 四索 南 中 白 中　ドラ □　5巡目

B　二萬 七萬 八萬 四筒 六筒 七筒 八筒 一索 西 北 中 白 中　ドラ □　3巡目

C　四萬 五萬 五筒(赤) 六筒 八筒 三索 四索 六索 六索 發 中 白 中　ドラ 四萬　5巡目

メンゼン手と副露手の大きな違いは、

①リーチツモ裏等メンゼン限定手役の有無

②ベタオリ成功率

③孤立牌とターツの価値の差

といったところでしょう。

①　40符２翻や30符３翻など +1 翻で打点効率のいい手牌では特に、好形変化より打点要素を残すことが重要になります。逆に1000点の手牌は１翻増えても2000点にしかならないため、打点を見ずにアガりやすさを重視することになります。同じノミ手からの +1 翻でもメンゼンなら、出る、ツモる、裏のる、のらないの４パターンがそれぞれ1300・2000・2600・4000 → 2600・4000・5200・7900(ロン 40 符ツモ 30 符想定)となります。打点の上昇度合いが全然違いますね。

② 最も安全な手順を踏んでも、字牌アンコレベルの牌を有していないと、ベタオリ失敗の頻度上昇は軽視できないでしょう。ドラが少ない場合オリる公算自体が高くなり、安牌を持つことが重要になります。

　字牌以外にも場を見て現物を手牌のブロックに組み込めているかが、メンゼンと比べて重要になります。

③　副露手の場合はチーやポンにより既存のターツを完成させやすく、孤立牌の価値が下がります。安全度の高い牌を引けば好形変化よりも優先することが多くなります。

Q10解答　手牌A　🀝

　よっぽどの最序盤以外🀝を切ります。字牌は安牌というわけではないですが、４５６牌と比べると安全度は大きく異なります。序盤からでもブロックが足りていれば孤立牌は残さなくなります。これがメンゼンの場合は孤立の🀝を引っ張ります。リーチとツモは偉大です。

Q10解答　手牌B　🀃

　ブロックが足りてない場合は安い副露手でも孤立牌を残して字牌を切ります。麻雀は４メンツ１雀頭を完成させるゲームですから、ここはメンゼンと変わりません。

　重要なことはここから手が進むまで２副露目を仕掛けな

いことですね。ほとんど愚形1000点になるこの手牌では、手の内から２種類減らして字牌を切ってしまうと、ベタオリ面でかなり厳しくなります。字牌を重ねる抽選を受けられなくなるのも痛いところですね。愚形２副露1000点の２シャンテンは取らなくて間違いになることはないでしょう。そもそも１副露目のポン自体がギリギリの仕掛けですね。中盤に入る頃合いとなると、間に合わない頻度が高くなるため、数牌で安牌を持てていない場合はベタオリに備えて役牌はスルーしておきましょう。

Q10解答　手牌C 🀇

ドラドラの中打点手牌。メンゼンならリーチとツモで満貫になるため、とりあえず字牌を切って好形確定の変化をみることは重要ですが、副露手の場合は副露手役でないと打点が上がりません。3900→7700になる 🀅 は特に価値の高い孤立牌となります。一応３４５の三色があるため 🀇 よりも 🀋 の方が必要としますが、条件が厳しいので場に対する安全度の方が大事ですね。

システム10　－安仕掛けは序盤でも守備－

後手を踏むと戦いづらい、ベタオリ性能の低い安仕掛けは安牌を１枚持つことの価値が高くなります。孤立牌でリャンメンを作る価値もメンゼンと比べて下がります。

PART2
牌の危険度

牌の危険度 1 －放銃形確認－

捨牌 北 東︎▼ 🀠 中︎▼ 🀢︎▼ 🀟 八萬 六萬　　▼＝ツモ切り
リーチ後省略（以下同）

Q1　🀇 🀡 伍萬 はどれも無スジですが、放銃率については明確に優劣があります。放銃率の高い順に並べてみましょう。また、なぜその順番になりましたか。

Q2　三萬 🀤 🀣 はどれもスジですが、放銃率については明確に優劣があります。放銃率の高い順に並べてみましょう。また、なぜその順番になりましたか。

牌の危険度を正しく認識することは、リーチに対しての押し引きやベタオリの精度に直結します。これから危険度について3つの着眼点分けて説明していきます。1つ目は「どんな待ちに刺さるか」です。

麻雀の待ちの形は【リャンメン】【カンチャン】【ペンチャン】【シャンポン】【タンキ】の5種類＋これらを組み合わせた複合形があります。

捨牌を見て、この待ち形が多いほど危険、少ないほど安全となります。タンキについては数牌で待つパターンは頻度が低く、その多くが七対子のため、変則な捨牌のときだけでいいでしょう。

鬼打ち天鳳位の麻雀メカニズム　PART2　牌の危険度　47

タンキを除く4つの形について、切る際にどんな待ちに刺さるかを必ず確認することになります。

Q1解答　[伍萬][5筒]

[5筒][伍萬]はすべて無スジ、すなわちすべてリャンメンは否定されません。ですが、麻雀の待ちはリャンメンだけではありません。

愚形リーチの強さが知れ渡った現在では、リャンメンでないとリーチを打てないようなごく一部の相手でもない限り「リャンメン以外の待ちの可能性」を丁寧に確認しなければなりません。

リャンメン待ちが普通の待ち、愚形は普通じゃない待ちという化石のような常識は投げ捨てて、「普通の愚形待ち」について確認をしていきましょう。

[5筒]　[3索]がリーチ前に切られています。[5筒]でカンチャンやシャンポンに刺さるということは[3筒5筒]、[4筒5筒5筒]から[3筒]を切ってカンチャンやシャンポンに固定したことになります。レアケースと言っていいでしょう。すなわち、[5筒]はほぼリャンメンにしか刺さらないというわけです。

[伍萬]　[8索]がリーチ前に切られています。[伍萬]でシャンポンに刺さるということは、[伍萬伍萬8索]から[8索]を切ってシャンポンに固定されたことになります。これはあまり多くはないものの、先ほどの[5筒]の愚形パターンと比べると全然あ

そうですよね。すなわち、🀇はリャンメンとたまにシャンポンに刺さるとなり、ほとんどリャンメンだけの🀙と比べてたまにあるシャンポンの分だけ、差は少しですが明確に危険になります。

🀋 マンズの内側はリーチ前には全く切られていません。ということはつまり、カンチャン・シャンポンとも否定されないということになります。リャンメンだけでなく愚形もふんだんに含まれているのだから愚形が少ししか含まれていない🀙と比べると明確に危険になります。

右ページの図1はそのイメージを表したものです。

Q2解答 🀉🀟🀡

🀉🀟🀡すべてスジでリャンメンは否定されていますが、愚形同士で比較を行います。

🀟 リーチ前に🀝が切られています。ということはつまり、カンチャンやシャンポンに刺さるなら🀛🀝🀟や🀝🀟🀟から🀝を切ってカンチャンやシャンポンに固定したことになります。レアケースと言っていいでしょう。すなわち、🀟は刺さる形がほぼなく、1枚飛びの字牌よりも遥かに安全といえるでしょう。

🀡 リーチ前に🀟🀡が切られており、カンチャンに刺さるなら🀟🀡🀡や🀟🀟🀡🀡からカン🀡に固定されたことになります。あまりないですが先ほどの🀟の愚形固定よ

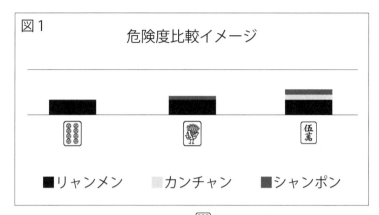

りはあるでしょう。そして、🀠シャンポンについては全く否定されていません。よって明確に🀠よりも危険といえます。

🀇 マンズの下がリーチ前に一切見えておらず、カンチャン・ペンチャン・シャンポンすべて一切否定されていません。愚形３種類が明確に残っているため、シャンポン１種類の🀠よりも圧倒的に危険です。🀠切りの早いリャンメンにしか刺さらない🀠と比べても🀇の方が危険でしょう。

このように、形をチェックしてパターンが多いほど危険、少ないほど安全。これが牌の危険度を確認するための１つ目の着眼点となります。ＡとＢどちらの方が安全かという比較の際には必ず行います。

次ページの図２はそのイメージを表したものです。

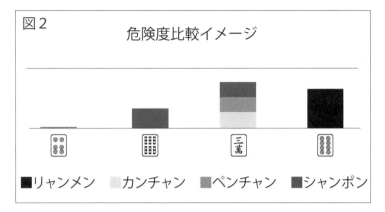

システム11 ー「普通の愚形待ち」をチェックせよー

愚形リーチを打つのが常識になった以上、危険度を考えるためにはリャンメンだけでなく、カンチャン・ペンチャン・シャンポン・タンキとすべての愚形の可能性を考えなければなりません。

システム12 ーペンチャンは 0.8 スジー

ペンチャン・カンチャン・シャンポンという愚形大集合のスジの３７牌は、刺さる形の多さにより危険度は無スジと大差ない、場合によっては無スジ以上になります。リーチに対するペンチャンはもちろん、クイタンの４６牌という実質ペンチャンも要注意です。

牌の危険度 2 －待ち候補カウント－

捨牌A　▼東 二萬 ▼［筒子］ ▼六萬 ▼七萬 ▼發 ▼二萬 ▼［筒子］

捨牌B　發 三筒 六萬 七萬 ［筒子］［筒子］ 東 二萬

Q3　捨牌Aについて、リーチのリャンメン待ち候補は何が残っていますか。すべて挙げてみましょう。

Q4　捨牌Aについて、リーチの愚形待ち候補は何が残っていますか。カンチャン・ペンチャン・シャンポン3種についてすべて挙げてみましょう。ただし宣言牌以外で二萬四萬四萬からの打二萬や打四萬、二萬三萬伍萬から打二萬や打伍萬のように3枚形から愚形を固定する手順は除外します。

Q5　通っている牌の種類は捨牌AB同じです。捨牌ABを比べて、［筒子］の放銃率はどう異なりますか。

前項では放銃形のチェックを行いました。牌の危険度に関する2つ目の着眼点は、「待ち候補がどれくらい残っているか」ということです。

刺さる形のパターンが少なくても、押したい牌以外に待ち候補が少なければ、放銃率が高くなります。逆に刺さる形のパターンが多くても、押したい牌以外に待ち候補が多

く残っていれば放銃率は低くなります。

マンピンソー字すべての牌に対して放銃形のチェックを行えばおよそすべての放銃形パターンを出すことができますが、あまりにも手間がかかるためある程度簡略化することになります。

Q3解答　[一萬][四萬]・[伍萬][八萬]・[3筒][6筒]・[3索][6索]・[東][南]・[西][北][中][發]

この設問の作業は俗に言う「スジカウント」というものにあたります。各色の１４、２５、３６、４７、５８、６９の６本×３色で18本からスタートし今回は８本残っています。

リーチがリャンメンだけで、リャンメン同士に放銃率の差がないとすると仮定すると、放銃率は1/8で12.5％になりますね。14本残っているとすると、放銃率は1/14で7.1％になります。ですが、実際は放銃率はもっと低くなります。愚形があるからですね。その度合いをQ４で確認します。

Q４解答
カンチャン [3筒][6筒][3索][6索]
ペンチャン [東][南]
シャンポン [3筒][6筒][3索][6索][南][西][北][中]

カンチャン・ペンチャンはあまり候補が残っていないこ

とがわかると思います。シャンポンはそれなりにありますが、実戦では他3人の捨牌があるためもっと少なくなるでしょう。

　すなわち、無スジ1本押す際の放銃率が、1/8に割と近い数字になると言えます。もちろん実戦でリーチの愚形待ち候補をすべてチェックしきるのは困難ですが、リーチ前に切られている牌の周辺の愚形はあまりないため、「愚形があるならこのあたり」という目途はある程度たちます。

　マンピンソー全色に愚形が残っているか、ソーズの下とピンズしか残っていないかは、同じ残りスジ本数でも明確に放銃率が変わってきます。愚形が全色上下残っていれば、無スジ1本もそれほどきつくない。愚形が半分や2/3ぐらい飛んでいれば無スジ1本はかなり厳しいといった感じで、ざっくりとでも把握できるといいでしょう。

　できれば生牌の字牌が何種類残っているかも確認したいところですね。リャンメン以外でのリーチを打ちやすい待ち筆頭であり、枚数さえ残ればいつでも可能性が残りますから。[一萬]～[八萬]を抜く3人麻雀の場合、縦でしか使えない[一萬][九萬]と字牌の残り枚数はかなりの頻度で確認することになります。

Q5解答　捨牌Bの方が待ち候補が多く明確に安全
　捨牌Bは愚形待ち候補が、

[一萬][三萬][四萬][伍萬][八萬][九萬][⑤][⑧][1][2][3][4][5][東][南][西][北][中]

　カンチャン・ペンチャン・シャンポンあり得るものすべてが残っています。宣言牌手前まで字牌しか切られていないリーチはあらゆる愚形待ち候補がほとんど否定されません。宣言牌の数牌も待ちに関連しているかは不明であり、放銃形の多さだけを見て機械的に対処することになります。

　捨牌Bのように愚形待ち候補が多く残っているということはつまり、待ち候補の総量が多くなるということであり、無スジ1本当たりの放銃率が1/8からはガクッと下がります。同じ残りスジ8本でも1スジ押すことに対する放銃率は、捨牌Aよりも大幅に低くなります。

　「スジカウント」「愚形カウント」。この2つを駆使して全体でどれくらいの待ち候補があるのかを把握する。これが牌の危険度を確認するための2つ目の着眼点となります。

　押したい牌の刺さる形が、全放銃パターンのどれくらいを占めているかが、放銃率となります。前項目で形をチェックし、当項目で全放銃パターンを大まかにチェックし、これで放銃率がざっくりと認識されます。前項目が放銃率を計算するための割り算の分子、当項目が分母になっているわけですね。右ページの図3は放銃率計算のイメージを表したものです。

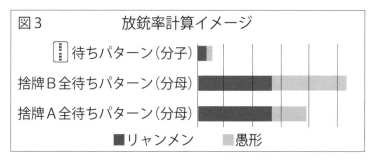

図3　放銃率計算イメージ

システム13 －愚形カウント－

繰り返しますが麻雀の待ちはリャンメンだけでなく愚形もあります。大雑把にリャンメンだけを数えておしまいでも数えないよりは全然いいですが、人より一歩上を行きたいなら愚形までチェックしましょう。すべてを厳密に把握するのは難しいですが、ぱっと見の多い少ない・愚形があるならこの地域程度は把握しておきましょう。特に待ち候補が少ないときはカウンティングの精度が判断の精度に直結します。

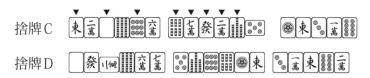

Q6　東1局。捨牌CDの西家リーチに対し、北家の立場で残りツモ番がない状況。🀝を押せばフリテンの形式テンパイが取れます。押しますか。ただし、ドラは🀝で表ドラ赤ドラ計3枚見えとします。残りスジはいずれも5本です。

Ｑ６解答　捨牌Ｃ　オリ　捨牌Ｄ　押し

　押し引きのボーダー前後の残りスジ本数の状況において、「愚形がどれだけ残っているか」は押し引きに大いに影響します。形テン押しが微妙な残りスジ本数の場合、愚形候補が多数残っていれば押し、愚形候補が全然なければオリとなります。

システム14　－放銃率20％は手を止めろ－

　放銃率20％の目安は、「愚形がほとんどなく、残りスジ５本のときの愚形が否定されない無スジ」といったところでしょう。愚形が多く残っていれば、残り３～４本あたりが目安でしょう。

　あまりにも放銃率が高い牌はテンパイでも見合わないケースが多くなります（そもそも放銃率20％に近い牌がある時点で、終盤で押しにくい巡目になっていがち）。待ち候補が多数残っている場合はテンパイ料があるため張っていればある程度はラフに押せますが、残りの待ち候補がかなり少ない場合はそれなりのテンパイが入っていても押せないパターンが増えてきます。待ち候補が少ないときはきっちり数えるようにしましょう。仕掛けたリャンメン5200テンパイのようなほぼ無条件で押せる手牌でも、押せない例外が発生しやすくなるため、押していいか確認の時間を取りましょう。

牌の危険度 3 —その他の牌の危険度（簡易まとめ）—

牌の危険度確認において形にまつわる部分を中心に扱ってきましたが、同じ形でも切り順などによって濃淡が出てきます。これを３つ目の着眼点として、簡単に整理します。

①ターツ落とし
⑴落とされたターツより弱い待ちの否定

ターツ落としが入るということは、当然手の内は落としたターツ以上のブロックで構成されているはずです。カンチャン落としが入れば放銃形確認において、ペンチャンは外しやすくなります。リャンメン落としが入ればペンチャンやカンチャンの可能性は低くなり、放銃形確認はリャンメンと役牌シャンポンと七対子のタンキくらいでいいでしょう。例外は、

[四萬][伍萬][筒][筒][筒][索][索][索][索][発][発][白][白] ドラ[ ]

ここから打[四萬][伍萬]でリャンメン落としが入るが愚形に刺さるなど、手役・ドラ・飛び枚数・二度受け・七対子天秤により、落ちたターツより弱い待ちになることがあります。

⑵宣言牌周辺の危険度増
ターツ落としが入ると、
[四萬][筒][筒][索][索][索][索][北][北][北][発][発][二萬]ツモ

ここから打🀈リーチのようなくっつきシャンテンの可能性が低くなるため、宣言牌の周辺の危険度が高くなります。通常宣言牌の周辺は待ちに絡まないパターンがいくらでもあり、特別危険にはならず他の待ち候補と同列に扱うことになります。しかし、宣言牌が待ちに絡まないパターンの代表格たるくっつきシャンテンが否定されれば、宣言牌が待ちに絡んでいる可能性が高くなり、通常より危険度が高くなるというわけですね。例外は、

🀈🀈🀈🀉🀊🀅🀆🀇🀐🀑🀒🀓🀔

ここから打🀅🀆とした後のリーチのように、打点を見てシャンテン戻しがされるパターンや、ターツ落とし後に好形変化や打点のための孤立牌が残っていた場合です。

(3)ターツ落とし全般にまつわる例外
・空切りやスライド含みでターツ落としに見えている
・後引きにより離れターツ落としに見えている
　(例) 🀈🀋🀋 から打🀈、ツモった🀈を残してリャンメンターツ落としに見える。

②序盤の先切り
　同じリャンメンに対してでも先切りが入ると、放銃率は下がります。序盤に切られた牌の周りは持っていないこと

が多めですし、持っていたとしてもあとから切られた牌と比べて先に埋まっている可能性が高くなります。そもそも先切りが入ると「愚形にほとんど刺さらない」という面で安全度が高くなりますが、リャンメンに対してだけを見ても、ほかのリャンメンよりも安全になります。

（例）北 [3p] 南 [5p] 二萬 く牌

[3p]も[5p]もリャンメンにしか刺さらないが、[5p]の方が安全。

特に字牌を残して先切りがされている場合は、明確に受け入れを狭めていることになるため、さらに安全度は高まります。ただし、

・表ドラ赤ドラ手役固定絡み
・先切りが頻繁に入るようになる中盤以降
・縦受けが飛んでいる場合

以上についてはさほど安全度は高くなりません。

また、終盤のリーチで字牌の先切りマタギでないスジがほとんど残っていない場合は、先切りが入っている可能性が高くなっているため、さほど安全にはなりません。

③終盤の生牌の字牌

字牌はシャンポンにしか刺さらず比較的安全とされていますが、数牌はシュンツとして手牌に組み込まれるのに対

し、字牌はトイツ以上でしか基本的に持たれません。4人に分散して使いきれるパターンがなく、持っていれば雀頭やアンコ持ち以外は待ちになるため、スジの１９のような同じシャンポンにしか刺さらない牌と比べても放銃率は高くなります。役牌の１翻や七対子が絡みやすく放銃打点も高くつきやすいです。終盤の生牌の字牌はリャンメン１本分くらいに見ていいでしょう。

④離れターツ落としリーチ

　宣言牌周辺の危険度が跳ね上がります。ターツ落としの項目で述べた通りくっつきシャンテンが否定されているだけでなく、さらにその周辺の待ち候補の一部が潰れており、単純形ではリャンメン１本しかなくなります。リャンメン変化のための孤立牌とも考えにくくなります。

（例）🀅🀂🀫🀫🀇🀙🀇🀙

🀙🀙リャンメンは同じ無スジ１本とは扱わず、他のリャンメンよりも危険度が高くなります。ただし、🀙が待ちになる以外のパターンは、🀙を切る前の形で、

・🀙🀙🀙🀙、🀙🀙🀙🀙、🀙🀙🀙🀙🀙、🀙🀙🀙🀙、🀙🀙🀙🀙🀙

　など待ちに🀙が待ちに絡んではいるがピンズの別形絡み

・🀙🀙🀙、🀙🀙🀙、🀙🀙🀙、🀙🀙🀙、🀙🀙🀙

など🀅が雀頭に絡んでおり別色待ち
- 🀇🀈🀉🀊 として持っていて好形変化や三色天秤

と、それなりにあります。

これらのパターンがほとんど潰れてマタギスジが「入り目じゃなければ刺さる」となることは稀ですが、「離れたターツ落としリーチ」な時点でマタギスジはスジ2本分程度に見ます。特に5→3の切り順は複合形パターンが少なく、より危険度は高くなります。

それぞれの項目について例外を個別に挙げていますが、これ以外にもメンゼンリーチの場合は13枚が全く見えない分多様な例外パターンが出てきます。切り順による危険度の増減はあくまでも少しであることを念頭に置いておきましょう。

システム15 －終盤の字牌は無スジ－

シャンポンとタンキにしか刺さらない字牌も、終盤になればそのシャンポンの危険度が高くなります。特に役牌は打点が伴いさらに危険になります。

システム16 －切り順を過信するな－

切り順による補正はあくまでも「少し危険度が上下する」程度であり、「入り目でなければ確実に刺さる」「無スジだが安牌とみなせる」となることは稀になります。

PART3
ベタオリ判断

ベタオリ判断 1 —ベタオリの基本—

北家捨牌　東 一萬 ▼ 七萬 ▼ 五筒 八筒　ドラ 南

手牌A　六萬 八萬 四筒 六筒 一索 二索 三索 四索 五索 西

手牌B　二萬 二萬 四萬 伍萬 六萬 六萬 七筒 八筒 一索 二索 北 北 發

（發 は河に1枚見え）

Q1　手牌ＡＢについて、引く牌を考慮せず持っている手牌のみでベタオリする場合、どのような切り順になるでしょうか。それぞれ7巡分挙げてみましょう。

ベタオリ判断を考えるうえで、牌の危険度の知識とベタオリの基本は必修科目となります。押し・迂回・オリを比較しなければならず、比較対象のベタオリの手順がずれていれば、当然ベタオリ判断もずれたものとなってしまいます。

まずベタオリの原則として、安全度に大きな差がない限り、1枚しか切れない牌と複数枚切れる牌なら、複数枚切れる牌を優先します。瞬間の放銃率に多少の差がついても次順確実に凌げる分、その局トータルで見た放銃率では2枚切るほうが優秀になりがちというわけです。他家に持たれている可能性が低いという面でもベタオリレースで優位に立ちやすいです。ヒントを与えないことによって相手が開拓した1枚が自分の手牌にヒットすることも多くなりま

鬼打ち天鳳位の麻雀メカニズム　PART3　ベタオリ判断　63

す。ただし、両無スジの４５６牌とペンチャン残りの無スジ３７牌については危険度が非常に高くなるため、トイツ落としであってもそうそう切られないでしょう。

Q1解答　手牌A　🀡🀡🀝🀝🀝🀝🀚🀚🀋🀋🀋🀋

選択肢に挙がりそうな牌の放銃形を確認すると、

🀡 🀢 が早く切られてのリャンメン

🀝 リャンメン

🀂 シャンポン

🀋 カンチャン・シャンポン

🀋 モロヒカンチャン・ペンチャン・シャンポン

宣言牌が 🀌 でのカンチャン

🀋 シャンポン

🀇 🀆 がリーチの少し前に切られてのリャンメン

以降リーチ前の 🀋🀋🀋 からの打🀋、🀝🀝🀝🀝 からの打🀝といった一部の愚形固定手順は省略します。

🀡 は 🀢 が早く切られてのリャンメンにしか刺さらず、単純な放銃率だけを見てもシャンポンに刺さる 🀋 や宣言牌が 🀌 でのカン 🀋 と比べてもさほど大差にはならないでしょう。それなら２枚切れる分 🀡 の方がベタオリ性能に明確に分があります。リャンメンにしか刺さらない３枚落とせる 🀝 とどちらを切るかについては微妙なところでしょう。🀡 が 🀢 の早切りによりリャンメンへの放銃率が

少し下がっているのに対し、[牌]はリャンメンに関してはノーヒントのため、2枚対3枚なら微差になります。2枚切れる牌でも[牌]については、カンチャン・シャンポン・ペンチャンの愚形3種も残っていてかつモロヒスジのため、並の無スジよりも危険度は高くなります。1枚しか切れなくても、愚形1種類にしか刺さらない[牌][西]を切る方がいいでしょう。[牌][西]の比較は、まず[牌]と[西]を比較すると、字牌でトイツやコーツでしか手の内で使えない[西]より、シュンツとして脇が使うことができて持たれていやすい[牌]の方がシャンポンに対して安全です。カン[牌]と[牌]シャンポンの比較については、[牌]が宣言牌とはいえ、カン[牌]なら[牌]を切ってシャンポンにも取れたため、カン[牌]が[牌]のシャンポンよりもアガりやすいという条件が付かなければならず、飛び枚数次第でしょう。

Q1解答　手牌B　[發][萬][萬][四萬][二萬][二萬][筒]

選択肢に挙がりそうな牌の放銃形を確認すると、

[二萬] リャンメン

[四萬] シャンポン

[萬] 宣言牌が[牌]でのシャンポン

[筒] [筒]が早く切られてのリャンメン・シャンポン

[筒] カンチャン・シャンポン

[發] 後重ねのシャンポン・タンキ

場に1枚切られている役牌は鳴かれていない分、シャンポンに刺さりにくくなります。他に複数枚切れる牌があってもそれが安全度の高い牌でない限り、放銃率の差を優先して場1の役牌を切ります。捨牌が多少変則でも七対子1点とはならないため、場1の役牌を切る方がいいでしょう。🀄と🀃の比較は宣言牌が🀫なのが気になるところですが、🀃にカンチャンがなくはないのと2枚切れるのを覆すほどではないとして🀄から切ります。ほとんどリャンメンにしか刺さらない🀉2枚と1枚しか切れないカンチャンとシャンポンがある🀂、リャンメンとシャンポン両方薄目の🀟は瞬間の放銃率に多少の差があっても2枚切れる分で🀉がいいでしょう。ほとんどシャンポン1種類の🀃とほとんどリャンメン1種類の🀉は2枚切れる分を含めても、愚形1種の放銃率がかなり低いため、若干🀃の方がいいでしょう。🀂はかなりの危険牌であり1枚しか切れないため、ベタオリとして切る牌の候補にすら挙がりません。

システム17 －2枚通せるのは偉大－

ベタオリの基本は瞬間の安全度の高い牌よりも複数枚切れる牌を切ることです。次巡また別の牌を切らなくて済む分トータルでの放銃率は低くなりがちです。毎回丁寧に放銃形を確認し、2枚切るべきか1枚の最も安全な牌を切るべきか比較を行いましょう。

ベタオリ判断 2 —押し牌セットの確認—

北家捨牌　九萬　▼　七萬　一筒　一萬　二索　九索　　ドラ　五筒

南家手牌A　八萬 八萬 八萬 一筒 二筒 三筒 三筒 四筒 五筒 六筒 七筒 八筒 中

　　　　B　伍萬 六萬 六萬 七萬 七萬 二筒 三筒 四筒 五筒 六筒 七筒 八筒 中

　　　　C　二萬 三萬 六萬 七萬 七萬 八萬 九萬 五筒 六筒 七筒 四索 五索

Q2　手牌Aについて、ツモ牌が、
① 中（生牌）② 四萬 ③ 伍萬 ④ 發（河に1枚見え）⑤ 西 ⑥ 三萬
それぞれの場合、何を切りますか。

Q3　手牌Bについて 一索 を切るとテンパイする牌は 伍萬 八萬 二筒 五筒、 二索 を切るとテンパイする牌は 四萬 伍萬 六萬 七萬 八萬 二筒 五筒 です。打 一索 としたとき、打 二索 としたときのそれぞれのテンパイ牌について、不要牌を引かない場合テンパイまでに何スジ押すことになりますか。

Q4　手牌Cについて、何を切りますか。

「テンパイまでにどの程度の危険牌を切らなければならないか」は押し引きにおいて重要度の高い要素となります。先制リーチを受けてしまっているのは麻雀において圧倒的

鬼打ち天鳳位の麻雀メカニズム　PART3　ベタオリ判断

に不利な状況であり、自分がアガるためには、
・不要牌を通す
・テンパイを入れる
・めくり合いに勝つ
という関門を突破しなければなりません。相手はアガリ牌が場に放たれるかツモるかでいいのと比べると、それが愚形だったとしても雲泥の差です。ベタオリの基準としては、
・自分の手牌のシャンテン数、受け入れ
・自分の手牌の打点
これを最初の重要な基準として覚えたと思いますが、「現状何を押さなければならないか」+「テンパイ時何を押さなければならないか」とワンセットで確認するのは、それに匹敵するくらい重要な判断要素となります。押す牌が1枚増えると押す場合の局収支が大幅に下がってしまいます。

Q2解答　①[牌]　②[四萬]　③[牌]　④[發]　⑤[牌]　⑥[牌]

カンチャン・シャンポンに刺さる[牌]と+αを1シャンテンで押せるかという問題です。愚形でも2600テンパイなら[牌]を押して追っかけますが、1シャンテンの場合は[牌]とセットの相方となる「後ろにどんな牌が控えているか」で全く話が違ってきます。現状の牌の危険度がそこそこでも、次にさらなる危険牌がスタンバイしているかいないかで、テンパイするまでの放銃リスクが、見合うか見合わな

いかが全然違ってくるわけですね。実際はそこからツモって来る不要牌も押さなければテンパイにすら辿り着けません。

スジでも愚形2種類残っている🀇はそれなりに危険な牌であり0.5スジ相当としていいでしょう。現状で切るだけでもそれなりの負担になりますし、🀉のように次に無スジが控えていると、次巡何か無スジを引くだけで2スジ押しとなり見合わなくなります。

そうなるビジョンが濃厚なら1シャンテンで🀉が浮いている状態から、わざわざ通っていない🀇を「強打する」のは厳しいということですね。🀋のように両無スジが控えているならとてもとても押せませんし、生牌の🀄でも字牌の危険度が高まってきている中盤では厳しいでしょう。現物を2枚も持っているなら、そちらを抜きましょう。

2種類押し前提でこの1シャンテンから押し返すなら、せめて🀊のように、「シャンポンにしか刺さらない」牌程度にしておきたいところですね。同じスジでも放銃率は全然違います。場1の🀅なら放銃率は低いため、1シャンテンからでも多少ラフに押せるでしょう。

⑤の🀇トイツ落としのように1シャンテンからカンチャン・シャンポン両方生きている安全でないスジを切る場合でも、1種類押しで済む場合は押しやすさが跳ね上がります。ベタオリでも2巡凌げることは重要でしたが、同じ理屈でトータルの放銃率が下がるため、押し返しやすさ

にも当てはまるわけですね。

　また、2種類別々の牌を切る場合は次に別の危険牌を引いてしまった際にさらに2種類押しを迫られることになります。しかし、1種2枚押しで済む場合は次に別の危険牌を引いても1シャンテンを安全にキープできます。1シャンテンを維持しやすい分、すぐに崩すことになるかもしれない2種類押しと比べて、多くテンパイ抽選を受けられるというわけですね。

Q3解答

打 [筒]　1シャンテン時安牌切り
　ツモ [伍萬][八萬][筒][筒] はテンパイ時 [筒] 1スジ、計1スジ。
打 [萬]　1シャンテン時 [萬] 1スジ
　ツモ [六萬] はテンパイ時安牌切り、計1スジ。
　ツモ [四萬][七萬][筒][筒] はテンパイ時 [六萬] 1スジ、計2スジ。
　ツモ [伍萬][八萬][筒][筒] はテンパイ時 [筒][筒] で2スジ、計3スジ。
　(ツモ [伍萬][八萬] はタンキ手変わり時 [筒][筒] 2スジ、計5スジ)

「後ろにどんな牌が控えているか」が重要なら、形が定まらずターツ選択が生じる場合も、極力後々押す牌を少なく済むようにしなければなりません。そのためには、ターツ選択によって1シャンテン時＋テンパイ時にどんな危険牌が出ていくかを比較します。

　打 [萬] の場合は、設問で確認したように、受け入れは多く

なりますが、1シャンテンから1スジ押した挙句、テンパイしてさらに平均1スジより多く押すことが見込まれます。

それに対し、打[6筒]の場合は1シャンテンではテンパイのための受け入れは[四萬][六萬][七萬][5筒]がなくなって現状0枚押しからのテンパイ時1スジ押しです。

リーチ者がいないときに愚形になる受け入れや低打点の受け入れを「質の低い受け入れ」とみなすように、リーチ者がいるときは「多くのスジが出ていく受け入れ」を「質の低い受け入れ」とみなすようになります。打[5筒]はほとんどが2スジ以上の押しが必要となる質の低い受け入れだらけであるのに対し、打[6筒]は受け入れの枚数こそ減りますが、テンパイ時1スジ押しで済むという点で、打[5筒]と比べて受け入れの質は大差となるわけです。ターツ選択ができる際は、「押す牌が極力少なくなるルートを選ぶ」のが基本となります。そのためにどの有効牌を引いたらどの危険牌が出ていくかを欠かさず確認しましょう。

Q4解答　[七萬]

2シャンテンの場合は多少形がよくても1シャンテンと比べてさらに押せなくなります。好形が確定していて打点があっても10巡目で2枚無スジが浮けばギブアップでしょう。押し返すためのコストが大きすぎます。手拍子で現物だからと[5筒]を切ってしまうと[5筒]が浮いてしまい、

次何か通っていない牌を引いてくればもう戦うのは難しくなってしまいます。好形確定よりも、押すスジが少なくなることを優先して🀎🀐を落とし、次何か通ってない牌を引いても安全に形を維持できるようにする方が、粘りやすい分アガりやすくなるでしょう。

システム18　－スジを安易に押すな－

　現状はスジを切れてもセットの相方にさらなる無スジが控えていれば、トータルで押す牌は見えているだけで実質1.5スジ相当になり、多くの場面において見合わなくなります。それなら現状のスジも安牌でない以上押せなくなります。目安としては1シャンテンで12巡目1スジ、10巡目1.5スジ、8巡目2スジ、6巡目2.5スジ浮いていると、かなり押しにくくなります。

システム19　－押すスジの少ないルートを探せ－

　特に中盤以降は+1スジ増えるか増えないかが生死を分けます。よっぽど形と打点が変わらない限り、ルートが複数選べる場合は押すスジが少なくなるように、危険牌を浮かさないように選択をするのが原則となります。また、ルート探索のためには、「特定の牌を切らないための牌理」の力が問われます。形に強くなりましょう。

ベタオリ判断 3 －安牌0枚－

北家捨牌 [西][南][▼發▼][𝌆][🀫][花] ドラ [一]

南家手牌A [二萬][二萬][三萬][赤伍萬][六萬][七萬][九萬][九萬][九萬][🀝][🀝][🀝][🀃]

B [一萬][三萬][三萬][四萬][六萬][六萬][七萬][八萬][🀝][🀝][🀝][🀝][🀝]

Q5 手牌ABについて、手牌のみを用いてベタオリする場合どのような切り順になりますか。5巡分挙げましょう。

安牌がないからと押している場面は多々見受けられます。ですが、安牌がないことはベタオリ成功率が低いというだけであり、大した押す理由にはなりません。あくまで「押す場合にどのような牌が出るか」と「オリる場合どのような牌が出るか」の比較を行って、放銃率にどれだけ差がつくのか、和了率と打点がその放銃率差を覆すほどのものなのかを考慮しなければなりません。

Q5解答　手牌A [九萬][九萬][九萬][二萬][二萬]

安牌が0枚でも、ベタオリではリャンメンにしか刺さらない[九萬]を3連打するのに対し、押す場合はリャンメンも愚形も全残りの[三萬]＋ほぼリャンメンだけの[🀃]＋持ってきた牌を切らなければなりません。テンパイするだけでも

最低2スジ押しが必要になり、安牌がなくても押す場合とオリる場合で受ける放銃抽選が全然違います。「安牌がない」は押す理由として不十分であるとわかると思います。2600のリャンメン×2の1シャンテンで2スジ浮きから押していくのと、リャンメンにしか刺さらない牌3枚切ってオリるのは、後者の方が優れているでしょう。押しとオリで切る牌が違いすぎるため、押すならせめて5200確定は欲しいところですね。

Q5解答　手牌B　三萬 三萬 六萬 六萬

　ベタオリする際は極力複数枚通せる牌を切るとしましたが、それはもちろん放銃率に大差がない場合であり、両無スジや愚形全残りの37無スジは基本的に除外されます。1枚持ちで特にマシそうな一萬とトイツ持ちの各牌の放銃形確認を行うと、一萬ともリャンメン＋愚形やドラ絡みの愚形多数と危険度が高め、トイツ持ち牌はどれも両無スジや37、ドラ無スジと危険度が高すぎてトイツ落としに適さず、1枚のマシな牌を切るのもマシなトイツ落としするのもベタオリ手順として大差ありません。安牌がなく、「押す手順もオリる手順も放銃率に大差ない」となってはじめて押した方がマシとなります。ただし安牌が増える、両無スジがシングル無スジになるなど情報が増えれば、その都度方針は変わります。

ベタオリ判断 4 —押す牌のベタオリ序列は何番目？—

北家捨牌　南一萬　⊙五筒　|||六索　▼中　一二筒　||三索　　ドラ　八筒

南家手牌A　八萬 九萬 ③ ④ 赤⑤ 赤⑤ ⑦ 六索 六索 六索 六索　發 中 發

　　　　B　四萬 伍萬 伍萬 八萬 九萬 ③ ④ ⑤ ⑤ ⑦　　　　　　發 中 發

Q6　手牌Aの11枚のみを用いてベタオリする場合、どのような順序で切りますか。6巡分挙げてみましょう。

Q7　手牌Aで⑦を押した後にまた危険牌を引いてオリることになり、現状の手牌から⑦1枚を除いた10枚のみを用いてベタオリする場合、どのような順序で切っていくことになりますか。5巡分挙げてみましょう。

Q8　手牌Bから何を切りますか。

　ベタオリ手順を考えるのにそろそろ飽きがきているかもしれません。しかし、ベタオリとの比較を避けて通ることはできません。書面で学んでいる間に、牌が横に曲がっていれば安全度を比較するよう本能に叩き込みましょう。熟練度が上がると、脳が勝手に危険度を認識するようになります。立派な麻雀マシーンになるための一歩です。

Q6解答 🀆🀕🀕🀖🀖🀗(赤)🀘

Q7解答 🀆🀕🀖🀗(赤)🀘

ベタオリだけをみれば現物の🀆が最優先なのは言うまでもありません。その次は散々繰り返した通り、2枚通せる牌を最優先で切ります。🀕🀕は4枚持ちのスジですが4枚持つことによる危険度上昇などたかが知れています。🀕🀖いずれもリャンメンとたまにシャンポンがある程度なら、ベタオリするには4枚通せるメリットの方が明確に上回るでしょう。カンチャンもシャンポンも全然残っていて、ドラにも絡む1枚しか切れない🀘には手はかけられません。ドラが絡まなくても🀘より🀕🀖の4枚落としの方が明確に優れているでしょう。

よって手牌Aの打牌選択候補は🀆か🀕に絞られます。ですが、Q6、Q7で確認した通り、打🀆と打🀕のベタオリ面の差は、安牌が増えない限り1番目に切る牌と2番目に切る牌が入れ替わるだけあり、🀆を切っても多くの場合🀕に手をかけることになります。🀕を通せば手牌の🀕や🀖を安牌として水増しすることができ、うっかりテンパイすれば、ドラの🀘も残りスジ、相手の捨牌の愚形待ち候補の多さ、自分の打点を見れば押せる牌です。

・リターンのある手牌
・押してもオリ順が少し入れ替わるだけ

・押して安牌を増やせる

これらの条件をすべて満たすとき、通常オリなければならないような牌姿でも、ある程度は押せるようになります。前項の「押す手順もオリる手順も放銃率に大差ないときに押す」のと似たようなことですね。この「安牌水増しプッシュ」をベタオリ判断の引き出しに入れておきましょう。

Q8解答　🀅

では手牌Bも同じ理屈で安牌水増しプッシュをするのか。同じ理屈にはなりませんね。今回はテンパイ時にドラが出ていかないとはいえ、条件の「リターンのある手牌」をまるで満たしていません。手牌Bはベストツモで愚形が埋まってテンパイしても押しにくい牌姿です。それならば、1シャンテンの現状ではベタオリ手順に忠実に現物の🀅を抜き、安牌が増えてくれることに期待する方がマシでしょう。

システム20　－押して安牌を増やす－

ベタオリの切る順序が多少入れ替わる程度で済むなら、押すことによる放銃率上昇が小さいため押しやすくなります。ただし、リターンが少ない場合は素直に一番ベタオリ効率の高い牌を切りましょう。あくまでノーテンの手牌の基本はベタオリです。

ベタオリ判断 5 －対序盤のリーチ－

東家捨牌 [南][一萬][｜｜｜] ドラ [｜｜]
南家捨牌 [⊕][中][八萬]
西家捨牌 [九萬][南][　]
北家捨牌 [西][東]

北家手牌A [伍萬][六萬][六萬][⊕][⊕][｜｜｜][｜｜｜][｜｜｜][🀍赤][｜｜｜][｜｜｜][｜｜｜]

　　　B [二萬][伍萬][七萬][八萬][九萬][⊕][⊕][⊕][🀍][｜｜｜][｜｜｜][發][中]

　　　C [一萬][一萬][一萬][四萬][⊕][⊕][⊕][｜｜｜][｜｜｜][｜｜｜][🀄][發]

Q9　北家の立場で手牌ＡＢＣから何を切りますか。

　早いリーチが飛んでくる。自分の手はどうしようもない。麻雀をやっていて一番面白くない瞬間ですね。こういうときに普段どうしているでしょうか。待ちも全くわからないし安牌ないしと、どうしようもないからとりあえず目をつむる層もそれなりにいるでしょう。それでいいのでしょうか。手牌をよく見て考えてみましょう。

　手牌ＡＢＣ、よーく見てみましょう。いいですか、ちゃんと見ましたか。シャンテン数はいくつでしょうか、何ブロック持っているでしょうか。愚形がいくつ残っているで

しょうか。数えるのもめんどくさいレベルの手牌ですよね。それに対し相手はテンパイです。この状況で何十回に1回あがれるでしょうか。まだ3巡目であることを加味してもなんとかなるように見えるでしょうか。どんな手牌でも2シャンテンにすらなっていないようでは戦えません。自棄になって自己都合でカチ込むか、ちゃんとオリられるかは大事です。繰り返しますが、安牌がなくても押せない手牌ではベタオリの一手です。

　押すことによって、自分の放銃率が跳ね上がることはもちろん、開拓することによる相手のベタオリ失敗率の低下、それに伴う被ツモ率の増加などのデメリットしか発生しません。

　こういう状況でちゃんといつでもベタオリできているでしょうか。連ラス引いているとき、3面張がラス牌カンチャンに負けた後、どんなときでも粛々とベタオリ成功率を高めるという最大の勤めを果たすことが長期成績の向上につながります。丁寧に最も安全な手順を踏みましょう。いつものベタオリ手順を確認します。

Q9解答　手牌A　[六萬]

　ベタオリの基本は何度も言う通り、複数枚通すことです。複数枚持っている牌は[六萬][筒][筒]です。[筒]は両無スジなので除外するとして、[六萬][筒]は両方ともカンチャン・シャン

鬼打ち天鳳位の麻雀メカニズム　PART3　ベタオリ判断　79

ポン・リャンメンに刺さる可能性がありますが、第一打に🀐が切られています。よって🀋🀍🀐のような形で持っていた可能性が否定される分🀎のカンチャンが薄目なため、🀎のトイツ落としとなります。一応1枚持ちの牌も確認すると、端牌の🀙🀡🀐あたりが候補に上がりますが、いずれもシャンポン・リャンメンがあるため🀎との放銃率差はほとんどなく、2枚落とせる差は覆せません。🀎を2枚落としている間に特にヒントが増えなければ、もちろん🀙を2枚落とします。自手都合で🀡を落としていると、ベタオリと比べて通す牌がどんどん増えていきます。とりあえず🀡を切って道中もっと押せなくなったら、安牌が増えたらベタオリに転ずるという考え方もありますが、この手牌では🀡を切ってからテンパイに至るまでのビジョンがあまりにも見えません。そういう考え方はもっとまともに戦える手牌でするものであり、いまは引き出しの奥にしまっちゃいましょう。

Q9解答　手牌B　🀐

とりあえず直前にポンされなかった場1の🀄なんて言っている場合ではありません。🀐中抜きの一手です。結局次巡🀄を切ることになりそうですが、これだけ手牌がボロボロなら、その一瞬の間にアガリで決着がつく、安牌が増えて切らずに済む可能性の方がよっぽど大事でしょう。

[九萬][中]の次に切るのは[發]ではなく[西]です。生牌の役牌とリャンメン・カンチャン・シャンポンのある２８無スジトイツ落としとの比較なら、放銃率がそれなりに違うので役牌切りになりますが、リャンメンにしか刺さらない牌のトイツ落としと役牌１枚との比較なら、２巡凌げる方を優先しましょう。場１牌のトイツは相手が持っていても最大１枚であり、凌いでいる間に開発されやすくなるメリットも大きいです。後手３シャンテンというどうあがいてもアガれない手牌なら、字牌を切って形を維持するメリットがありません。そんな手牌は破壊してしまえばいいのです。

Q９解答　手牌C　[一萬]

　気が付いたら河に[一萬]が３枚並んでいます。手詰まっているときの端牌アンコはとりあえず切っておけば間違いないですね。愚形が否定されていない１枚持ちのスジの２８牌や生牌の字牌よりも優先して切ります。それだけ３巡の安全が保障されることの価値は高いです。

システム21　－アガれぬ手牌などぶち壊せ－

　最序盤だろうとリーチを受けてしまえば、形がバラバラではアガり切るのはあまりにも厳しいです。アガれない手牌でベタオリしないメリットがありません。躊躇なくメンツを中抜いてベタオリできるようになりましょう

ベタオリ判断 6 －後手発進－

南家捨牌　西 [發] 中 南 [5pハイライト] 九萬　一筒 [8p]　ドラ [8p]

手牌A　二萬 二萬 四萬 六萬 六萬 3p 5p 6p 7p 8p 8p 一筒 [8p]

手牌B　二萬 二萬 四萬 六萬 六萬 3p 5p 6p 7p 8p 8p [8p] [8p]

手牌C　二萬 四萬 六萬 六萬 3p 5p 6p 7p 8p [8p] [8p] 南 南

Q10　手牌Aから [8p] を押しますか。

Q11　手牌Bから [8p] を仕掛けますか。

Q12　手牌Cから [8p] を仕掛けますか。

　後手から仕掛けてアガり切る。麻雀において気分の良くなる瞬間の一つですが、後手からノーテンで動いて得する場面はあまり多くはありません。特に天鳳段位戦ルールではラスが1人でマイナスを背負う都合上、ツモられるのを許容してでも放銃を回避するのを優先することが多くなります。

Q10解答　打 [8p]

　ベタオリの場合は安牌が増えなければ 8p [8p] 六萬 六萬 二萬 二萬 と落としていくことになるでしょう。六萬 二萬 の比較はリーチ

前に🀡が切られており、カン🀍がカン🀈より薄いため🀍の方が若干いいでしょう。🀟は🀞が宣言牌とはいえ、リーチ前に🀝が切られているため、刺さる形はリャンカン固定からのカンチャンに限られます。1枚しか切れないとはいえ2枚切れる🀍よりも先にしてもいいでしょう。6割くらい愚形が先に埋まりますし、安全度高めでベタオリでも2番目に切る牌くらいは押してアガリ目を残す方が、ベタオリよりはまだいいでしょう。

Q11解答　スルー

では仕掛けると手牌Aと同じ牌姿になる手牌Bはチーして🀟を押すのかといわれると、Noになります。Q10の解説の通り、手牌Bは「押したい手牌だから押している」のではなく、「押したくないけどベタオリと切る牌にそれほど差がつかなくて押した方がマシ」だから押しているわけです。手牌Bの牌姿では、

・押し返せる勝負手になる可能性

・安牌を引く可能性

・🀞🀟やツモ牌が将来的に安牌になる可能性

これらを放棄してまで、「手詰まりで押したほうがマシ」な状況を作り上げる価値があるのかということです。そして、危険牌を引いてくれば無理やりオリなければならなくなります。うまくいっても2000点の弱いリャンメンテン

パイは巡目と残りスジ次第ではオリる選択を余儀なくされる手牌です。うまくいっても結局そこそこオリになるのだから、それだったらわざわざ首を突っ込まずにスルーしてベタオリ成功率を上げる方がマシとなるわけです。ではどういうときに後手発進するのか、その条件は3種類です。

・チーテン

・後手からでもゴリ押せる手牌

・危険牌が浮いていなくてかつ、安牌が多い

　少なくともこのいずれかはクリアしている必要があります。テンパイならそれなりに押せますし、受け入れが広くて打点があれば後手からでも発進する価値が見出せるでしょう。どうしようもない手詰まり方をしている場合でも、ノーテンのまま仕掛けるくらいなら牌山に手を伸ばして安牌を引くことに期待する方がまだいいでしょう。安牌を切って前進できる場合も危険牌が浮いていると結局押すには見合わなくなってしまうため、それならば動く必要はないとなります。

Q12解答　スルー

　では手牌Cは安牌があるし仕掛けるのかというと、それはNoです。全員に対して安全な あ トイツを落とすとなると話は違います。愚形含みの2000点ノーテンは押し返せない手牌であり、手牌を壊してでも共通安牌を確保しにいくことが多いですから。リーチに対しての安牌を消費する

だけならともかく、全員に対する安牌を消費するほどではないということですね。動くならせめて、

・両脇に対しても安牌を確保できている
・両脇が明らかにオリていそう
・消費する安牌は対1件のみのもの
・中打点以上
・VS点差の近い相手のリーチ

　これらのいずれかは満たしておきたいところですね。点数状況の項でも触れますが「この人にアガられるとまずい」という相手に対しては、安手でもそれなりにアガリ目があれば、踏み込む価値が出てきます。

システム22　－無駄に首を突っ込まない－

　仕掛けて押し返すのはたまたまテンパイが取れるとき、高くて広い手が入ったときだけで十分です。安いノーテン手牌にわざわざ動く価値はありません。

システム23　－天鳳はツモられてもいい－

　トップの価値が高いわけでもなく、色彩に富んだ手牌が開かれると10000点とか20000点とか素点が奪われるルールでもありません。被ツモを恐れて事故率を上げるのは放銃及びラスが罪深い天鳳ですることではないでしょう。その分先手が取れたときにがっつり攻めればいいのです。

ベタオリ判断 7 －対2件リーチ－

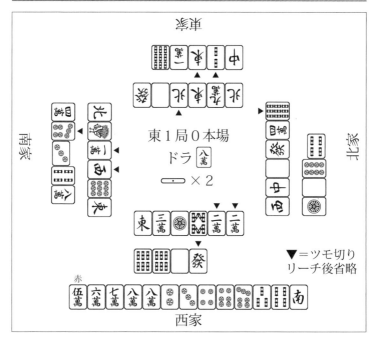

Q13　勝負手1シャンテンで2件リーチを受けています
① 🀟　② 🀢　③ 七萬　④ 🀣　⑤ 中　⑥ 二萬
①～⑥を引いた場合、それぞれ何を切りますか。

　1件のリーチでも後手から押し返すハードルは高いです。それが2件にもなればよっぽどの手が入ってもそうそう押せなくなります。テンパイでもオリるパターンは多く、ノーテンではほとんどの手牌がベタオリになります。

Q13解答　①[發]　②[八萬]　③[八萬]　④[八萬]　⑤[中]　⑥[八萬]

２件リーチに対してアガり切るためには、

(1) 通っていない牌を通し
(2) ツモ切りマシーン２人でツモられも横移動もせず
(3) 自分がテンパイを入れて
(4) 自分のアガリ牌が最初に山にいる

　これを全部クリアしなければいけません。ハードルが高いどころではありません。テンパイしていて(1)と(4)だけでも切る牌の危険度・手牌の良し悪し・巡目次第でオリ有利になります。それに加えて、麻雀は(3)の１シャンテン→テンパイが難しく、なおかつ(2)までクリアしなければならないとなるとアガリは非常に困難です。よっぽどの手牌が入っていても、１シャンテンの段階から生牌の字牌＋何かを押さなければならないとなると、厳しいでしょう。

　さてこの手牌、チーテンの利く好形の満貫１シャンテンというよっぽどの手が入っていますね。なので南家に通っていて北家にスジの[發]を渋々押しとしました。それくらい中盤の２件に対して生牌の字牌が浮いているということは厳しい状況です。

　押し引きはいま押す牌とテンパイ時に押す牌をワンセットで考えるのが基本であり、[二筒][二萬]のような両者に通っていない無スジはもちろんですが[六筒]のような片方に通っている無スジ、[七萬]のような２人に対して愚形２種残っている

ような牌でも[南]くらいと迷ってしまったのなら要反省です。「先に1枚押さなければならない」ことのリスクは、自分の和了率が低く、押す牌の放銃率の高い2件リーチでは莫大なものとなります。テンパイが遠ければ地獄タンキの[中]すらケアすべきでしょう。スジくらい、字牌くらいといった甘えは対2件リーチには命取りになります。ましてやこれ以下の手牌なら、たとえ安牌がなくとも手の内から最も安全な牌をひねり出してベタオリするほかはありません。

システム24　－2件リーチは甘えない－

　2件リーチは決着がつきやすく、対1件と比べてノーテンからアガる難易度は跳ね上がります。押す牌の放銃率も高く自分の和了率も低く見合わなくなりがちであり、通りそうなスジすら切らずに現物を抜くのが基本です。安牌0枚でも手の内から最もマシな牌を捻出しましょう。

システム25　－ノーテンは基本ベタオリ－

　自分が親・序盤でそれなりの手牌・好形高打点なら押せるケースも増えますが、「ノーテンはオリ」というのは多くの人が最初の方に覚えた基本だと思います。当たり前と思うかもしれませんが、無駄に通っていない牌を通りそうだからと切っていないか、今一度胸に手を当てて考えてみてください。

ベタオリ判断 8 －中盤の手組－

A 三萬 四萬 四萬 (三) (四) (六) 一筒 一筒 一筒 中 中 南 ドラ 一萬

B 二萬 三萬 四萬 六萬(赤) (三) (五) (七) 一筒 一筒 一筒 中 中 南 ドラ 中

C 一萬 三萬 伍萬 (三) (四) (七) 五索 一筒 一筒 一筒 中 中 南 ドラ 三萬

D 一萬 三萬 八萬 八萬 八萬 (三) (六) (七) 五索 一筒 一筒 中 南 ドラ 八萬

Q14 手牌A～Dについて、東1局西家9巡目の動きのない状況で何を切りますか。ただし手牌の数牌はすべて全員に対して無スジであり、南は2枚飛びであるとします。

ここまでのベタオリ判断について、「ノーテンで危険牌が浮いている」ということに対して厳しく扱ってきました。特に2スジ以上の浮きについてはほとんどの手牌でベタオリを選択することになります。序盤の場合はリーチがあまり飛んできませんし、1枚字牌を持っていたところで状況に大差ないことが多いため、自己都合を大原則としていました。しかし、いつリーチが飛んできてもおかしくない中盤以降については、その可能性を念頭にスリム化を考える必要があります。リーチを受けた際に危険牌が1枚浮いているか浮いていないかで、押し返しやすさが段違いであるため、「相手がノーテンのうちに危険牌を間に合わせる」

必要があります。ベタオリ面でも安牌を1枚持っているか否かは、ベタオリ成功率に関わってきます。スリム化をするかは、手牌全体面では「後手から押し返す見込みがあるか」「手牌構成の安全度」の2点に着目します。

Q14解答　手牌A　🀋

ベタオリ判断において、押すスジの枚数を少なくて済むようにすることが重要であると述べました。それならばリーチを受ける前の段階から、「複数枚押さなければならない盤面を作らないこと」を念頭に手組をすることが後手から押し返してアガりきる際に重要となります。

手牌Aの場合、メンタンピンドラ1の好形満貫の2シャンテン、いざとなれば仕掛けも可能とオリるには惜しい手牌です。しかし所詮はノーテンであり、リーチを受けて引いた牌+無スジの🀋🀝を蹴り飛ばすのはあまりにも無謀です。無スジが浮いていなければ1枚つかんでも押し返しの可能性をそれなりに残すことができますが、パンパンに構えていると1枚つかんでしまうだけでジエンドとなってしまいます。後手でも戦える手牌の場合は、「リーチを受けた場合の1枚多く浮いているかいないかの差」を重くみて多少の先制率を落としてでも安牌を残して🀋先切りとします。次にまた安牌を引いてくれば🀝も先切りがいいでしょう。これが例えば、

一萬二萬三萬 🀝🀝 🀞🀞 🀟🀟 🀠🀠 北北北南　ドラ 六萬

　このように打点もなく後手からの押し返しが見込めない手牌の場合は、🀠が浮いていることでオリに回らされたところで大したことではありません。2スジ浮きを1スジ浮きに減らすことができたところで戦えないことに変わりはありませんから。よって先手でないと戦えないような手牌の場合は、先制率を最大化するために南を切ってパンパンに構えます。「先制限定な手牌はパンパン」「後手からでも押し返したい場合はスリム化」となります。

Q14解答　手牌B　🀤

　中盤以降についてはオリがそれなりに見込まれて、かつベタオリ性能があまりにも低い手牌は安牌を抱えます。現物の枚数や字牌トイツアンコを有しているかはもちろんですが、手牌構成に1928牌のトイツアンコを有しているか、3〜7牌が多めかにも着目します。

　手牌Bはリーチを受けてしまうと字牌も落とせるトイツもなく、内側の牌だらけでスジもできにくい。毎巡毎巡安牌が増えなければ1スジ開拓しなければならない地獄絵図となってしまいます。よって孤立牌としてあまり強くない🀤を切って安牌を抱えるとします。

　序盤でこの手牌ならなかなか優秀であり、🀤のくっつ

きのロスは先制率の低下につながり、とてもとても許容できるものではありません。しかし、9巡目ともなってしまうと、大事な大事なブロックが足りないときの１９牌くっつきよりも安牌を優先がいいでしょう。これが例えば、

[一萬][一萬][一萬][六萬][5筒赤][5筒][7筒][六索][六索][8索][8索][南][南]　ドラ[中]

これなら打[南]とします。安牌こそないものの[萬]アンコというベタオリするうえでそれなりに優秀な牌を有しており、手詰まっても３枚並べることができるため、それほど悲惨ではありません。同じ安牌なしでも、手牌が内寄りか外寄りかでベタオリ性能がまるで違うため、安牌を持つか持たないかが変わるというわけですね。手牌Bのままでも全員に対して安牌１枚+α以上持てていれば、悲惨な状況にはなりにくくなるため打[南]とします。また手牌Aは安牌がなく悲惨な手詰まりに繋がることも、先切りが推奨される要素となります。

Q14解答　手牌C　[南]

どのような牌を先切りしてスリム化するかについては、
①先切りしやすい牌
・ブロックが足りないときの１９牌等の弱孤立牌
・好形変化にしかならない孤立牌（特に３〜７）
・打点十分での打点上昇の孤立牌（特に３〜７）

・好形フォロー牌（特に３～７）
・余りターツ
②先切りしにくい牌
・ブロックが足りないときの３～７孤立牌
・愚形残りでの３４５６のような四連形
・低打点からの打点上昇の孤立牌
・愚形フォロー牌
・高打点で仕掛けが利くときのフォロー牌

といったところでしょう。要はあまり手牌の役に立たず切り遅れが痛手になれば先切り、手牌価値が上がり受け入れを逃すのが痛手になる牌は切り遅れのリスクを承知で先切りしないというわけですね。

手牌Ｃは内寄りで悲惨な手詰まりを迎えそうではありますが、先切りしようにも切る候補は愚形フォローのためロスがあまりにも痛手です。よってここは手詰まりのリスクは承知で打 南 とします。ただし枚数の飛び方や点数状況次第では 一萬 伍萬 ▦ 鮑 が選択肢に入るでしょう。

また、手牌ＡＢについては浮いている牌が先切りしやすい牌であるということも、先切りが推奨される要素となります。

Q14解答　手牌Ｄ 8筒

ブロックが足りているときの孤立牌は「くっつける」「余ったターツを払う」「新しくできたターツをメンツ化す

る」というプロセスが必要です。中盤では浮かせた孤立牌が切り遅れになるのはもちろんのこと、孤立牌にくっつけることによって余るターツを落とすのも多くの切り遅れに繋がります。序盤なら孤立牌にのんびりくっつけようとしても十分間に合いますが、中盤ではいつ間に合わなくなるかわかりません。ダイレクトに手が進むことの価値が高く、愚形ターツの価値が上がり、変化にしかならない孤立牌の価値は下がります。

「価値のない手から価値のある手になる」、つまり低打点→高打点になる孤立牌は切り遅れを承知で引っ張りやすいです。切り遅れたところでオリることになっても安手なら全く困りません。しかし、すでに打点がある場合は、オリることになってしまうことが都合悪いため、大したことのない変化は待たずにスリム化するとなります。

手牌Dについては[🎴]を残せば4種の好形変化が見込めますが、自分で1枚使っている3647待ち弱リャンメンは強めの愚形である2カンチャンと比べて大してよくなっていません。[🎴]を切ることで「テンパイ」をロスしてしまうなら結構な痛手ですが[🎴]で得られるのは「リャンメン変化」でしかありません。それに対して切り遅れてしまった場合は致命傷では済まされません。現状の1シャンテンを後手からでも十分戦える形とみなしてスリムに構えましょう。カンチャンで追っかけリーチを打っていいんで

す。これが同じ中膨れでも、

一萬 三萬 六萬 七萬 八萬 🀝 🀝 🀝 🀝 🀝 南 ドラ 西

このような「好形変化＋打点上昇」なら🀝を残してパンパンに構える一手です。ノミ手→タンピンと手牌価値が跳ね上がり、リャンメンができるだけの手牌Dとは同じ中膨れでも価値がまるで違います。

システム26 －押したい手こそスリム化－

麻雀は先制が強いゲームです。しかし、中盤以降では相手の先制リーチを受ける可能性が高くなり、その際に押したい手牌で１枚危険牌が浮いていると大きな足枷となってしまいます。ベタオリで構わないような手牌ならそれで何ら問題ありませんが、オリたくない手牌では大問題です。多少先手をロスしてしまうリスクを負っても、押し返してのアガリ切りを増やせて放銃を減らせる分で元が取れます。

システム27 －０トイツは安牌を持つ－

数牌でパンパンに構えても１９２８トイツを持っていればそれなりに逃げることが可能です。しかし、単独牌だらけでは手詰まると何種類も開拓しなければなりません。手詰まりした際の悲惨さがまるで違います。多少の受け入れをロスしても安牌を持つ価値が生まれます。

PART4
副露読み

副露読み 1 －副露手の復元作業－

北家副露 [中][中][中] [二萬][二萬][三萬] [8筒][8筒][8筒]
[中]ポン打[北]、[二萬]ポン打[5萬]、[8筒]ポン打[4筒]

1副露目の打[北]から3副露目の打[4筒]まで、副露時以外の手出しはありませんでした。仕掛けの待ちが[西]と[3筒]のシャンポンであると仮定します。

Q1 [8筒]をポンしたときどのような牌姿だったでしょうか

Q2 [二萬]をポンしたときどのような牌姿だったでしょうか

Q3 [中]をポンしたときどのような牌姿だったでしょうか

副露読みというと何か特別難しいことをするイメージがあるかもしれませんが、していることはただ理を詰めて待ち候補をしらみ潰すだけの作業です。一つ一つの理は決して難しいものではありませんが、多くの理を同時に詰めなければならないことも多く、事前に作業工程や知識を暗記できていないと実戦で捌けません。それが副露読みに「よくわからない」「難しい」というイメージを持たせる原因となっているのかもしれません。

まずは理詰めの最も根本的なものとして、Q1〜3にて副露手の復元作業を扱います。副露手に対して押したい牌が放銃牌になると仮定したとき、それがどのような牌姿からの仕掛けだったかを確認する作業を行います。この中で手順に明らかな錯誤が見られる場合にはその牌は待ちにはならないと言えます。この一連の手順はあらゆる副露読みの基本原則となります。

Q1解答　🀔🀔🀔🀅🀅西西 中中中 二萬二萬三萬

Q2解答　二萬二萬 🀔🀔🀔 🀅🀅西西 中中中

Q3解答　二萬二萬 🀔🀔🀔 🀅🀅西西北中中

Q3までの復元作業の結果、西と🀔のシャンポン待ちになる場合は、北タンキ待ちの七対子のテンパイから仕掛けていたことになります。そんなことする人はまずいないと言っていいでしょう。つまり、西と🀔のシャンポン待ちであるという仮定は誤りであると言えます。

また、この手順において一部手牌を省略することもあります。西が押したい牌であるとして、シャンポン待ちの可能性を考える場合、シャンポンの相方を(トイツ)として、

二萬二萬 🀔🀔🀔 🀅🀅西西北中中 ＋(トイツ)

タンキ待ちの可能性を考える場合、不明なメンツを足し

てみます。[二萬][二萬][索][索][花][花][西][北][中][中]＋（メンツ）のように
ですね。シャンポン待ちは１副露目が、タンキ待ちは２副
露目が明らかな手順錯誤になります。すなわち[西]はシャ
ンポンにもタンキにも刺さらない完全安牌といえます。

　他のシャンポンについては、待ち候補を（トイツ×２）
とすると１副露目は[二萬][二萬][索][索][花][花][北][中][中]＋（トイツ×
２）となり、[西]だけでなくあらゆる牌について刺さらな
いといえるでしょう。シャンポンではないと断言できます。

　他のタンキ待ちの可能性も、手牌４枚を（メンツ）＋（タ
ンキ牌）として復元すれば、２副露目で[二萬][二萬][索][索][花][花]＋
（メンツ）＋（タンキ牌）から[二萬]ポン打[花]となり矛盾が生
じ、ないと言えます。[索][索]のリャンメンの可能性を考え
る場合は雀頭を（トイツ）と省略して副露手順は、

[索][索][花][索][索]＋（トイツ）から[索]ポン打[花]

[二萬][二萬][索][索][花][索][索]＋（トイツ）から[二萬]ポン打[花]

[二萬][二萬][索][索][花][索][索][北][中][中]＋（トイツ）から[中]ポン打[北]

となります。２副露目は点数状況によって好みの出ると
ころですね。どの程度の浮きからトイトイに受けるかリャ
ンメンに受けるかは人によって異なるでしょう。１副露目
の七対子１シャンテンからの仕掛けも、鳴く人鳴かない人
いるでしょう。鳴く場合もトイトイに決め打ちして安牌候
補の[北]を残し、[索][索]を払う選択肢もあるでしょう。こ

れは他のほとんどのリャンメン待ち候補についても、雀頭と待ちを省略して復元すれば同様のことが言えます。カン🀄待ちの可能性を考える場合、雀頭を(トイツ)と省略すると、2副露目が、

🀈🀈🀟🀟🀠🀡🀡+(トイツ) 🀄🀄🀄

ここから🀈ポン打🀟となります。🀟がすでに飛んでいる場合や、オーラス差し込みを期待していて打点を落としたい場合を除き、まず考えにくいでしょう。他のほとんどのカンチャン・ペンチャン待ち候補にも同様のことが言えます。

以上により、この仕掛けはリャンメン待ちにしか刺さらないということができます。安い仕掛けを多用する相手なら1000点の可能性もありますが、3900以上でないと仕掛けないような相手の場合、ドラ雀頭か赤雀頭の赤マタギまでパターンが絞られます。

この復元作業は多くの副露手相手に行うことになります。手出しが入った場合は、入り目の問題から復元作業の難易度が跳ね上がります。そのため、設問のようにメンゼンまで復元できることは稀であり、多くは直前の副露まで、関連部分以外の多くを省略しての復元にはなりますが、それでも2副露や3副露に対して待ち候補を絞れるパターンは多いです。

副露読み 2 ―副露手のSランク情報―

副露読みの中でも最も利用頻度の高い情報として、
①数牌の後の字牌手出し
②ターツ落とし
③ブロックが足りている
以上について説明します。

①数牌の後の字牌手出しでわかること
(1)その数牌のマタギが通りやすい

例えば三萬の後に字牌が手出しされた場合、マタギで刺さる場合は三萬三萬四萬北、二萬三萬三萬北といった形から、ポン材を拒否してまで字牌を残したことになります。これも簡易的な復元作業ですね。仕掛けの利かないメンゼン手ならこの形から三萬を先切りして字牌を残すこともありますが、仕掛けの利くことが判明している副露手ではポンのロスが大きいため、そういう先切りは少なくなります。

(2) ブロックが足りているとわかる

ブロックが足りていない状況では数牌を残してそれにくっつけるのが牌理の基本です。数牌を切って字牌が手の内から出てくるということは、その数牌にくっつける必要がない、すなわちブロックが足りているということになり

ます。１９２８牌なら人によってはブロックが足りなくても切ることがあるかもしれませんが、３〜７の牌が先切りされることは少ないでしょう。ブロックが足りていることで何がわかるかは後述します。

②ターツ落としでわかること
(1)落としたターツ以上のブロックが揃っているとわかる
(2)ターツ落とし前に切られた数牌のマタギが通りやすい

　例えば [三萬] の後に [⑥筒][⑧筒] と手出しが入って [三萬] マタギで刺さる場合は、

[三萬][三萬][四萬][⑤筒][⑥筒][②索][③索][｜][｜][｜][｜][｜] [發][發][發]

　このような形から [三萬] を切って６ブロックに構えたことになります。メンゼン手でも６ブロックより５ブロックに構えるのが基本ですが、副露手はポンができる分なおさらポン材を残しての５ブロックが強くなるため、ターツ落としの前のマタギが通りやすくなります。例外は、

[三萬][三萬][四萬][⑤筒][⑥筒][②索][③索][｜][｜][｜][｜][｜] [發][發][發] 打 [三萬]

　ここからツモ [｜] のように、トイツフォロー牌にくっついて伸びたパターンが挙げられます。字牌の先切りマタギよりは例外が多いですが、かなりあてになります。

③ブロックが足りていることでわかること

(1)字牌や安牌の後の手出し牌の関連度が高い

　ブロックが足りていない場合は、くっつける目的で持たれていた孤立牌が手の内から出てきます。つまり待ちや出来メンツに関係ない牌でも手の内から出てきます。

　対して、ブロックが足りている場合は、手の内から出てくるのは手牌構成に関連している牌が多くなります。フォロー牌や出来メンツの空切りスライドですね。例えばブロックが足りている2副露が3枚飛びの字牌の後に🀖を手出ししたとしましょう。🀖回りを持っている可能性が高いと言えます。🀖回りの危険度が他の待ち候補と比べて高くなります。さらに🀋の手出しが入ると手牌構成は「🀖回り＋🀋回り＋どこか」である可能性が高くなり、持っていそうな🀖🀋回りと持っているかもわからないそれ以外では、牌の危険度に差がつくことがわかると思います。

(2)シャンテン数の進む食い延ばしの否定

　例えばブロックが足りている役牌仕掛けが🀕🀖🀗チーして🀋を切ったとします。その場合は🀔🀕・🀗🀘のリャンメンには刺さらなくなります。手牌を復元すると、

🀕待ち　🀕🀖🀗🀋＋(トイツ・メンツ)　☐☐☐

🀗待ち　🀕🀖🀗🀋＋(トイツ・メンツ)　☐☐☐

🀢🀣 待ち 🀠🀡🀢🀣🀤＋(トイツ・メンツ) ☐☐☐

🀣🀤 待ち 🀠🀡🀢🀣🀥＋(トイツ・メンツ) ☐☐☐

この1シャンテンから仕掛けてテンパイしたことになりますが、これらはブロックの足りていないところからの仕掛けであり、ブロックが足りているという前提と矛盾しています。ブロックが足りているサインといえば「数牌の後に字牌手出し」「ターツ落とし」の2つですが、

🀠🀡🀢🀣🀤🀥🀋🀔🀗🀂＋(トイツ) ☐☐☐

🀠🀡🀢🀣🀤🀥🀇🀉🀍🀎＋(トイツ) ☐☐☐

こういった牌姿から、ブロックが足りないのに西を残して四萬を切ったり、5ブロックのところから一萬三萬を落としてブロック不足にしたりはしないということですね。ただし、

🀠🀡🀢🀣🀤🀥🀈🀊🀋＋(ターツ・トイツ) ☐☐☐

ここから🀡チーして打🀋のような「シャンテン数の変わらない食い延ばし」はあります。よって、打🀋の後に  の手出し、つまりターツ落としが入れば🀠🀡🀢🀣🀤🀥のリャンメン待ちの可能性は復活します。この食い延ばし否定は読みにありがちな例外がほとんどなく、頻出かつリャンメン待ち候補が2〜4スジ潰れる非常に強力な情報です。必ず押さえるようにしましょう。

⑶チーされなかった牌待ちの否定

　ブロックが足りていない場合は、例えば六萬が鳴かれなくても、後から孤立の伍萬や七萬にくっついて六萬が待ちになるケースがそれなりに出てきます。ですが、ブロックが足りていて六萬が待ちになる可能性があるなら、六萬は上家から出てくればチーすることができます。鳴かれなければ六萬は待ちになる可能性は低いとなります。例外は下のように雀頭がない場合、新たにターツ落としが入った場合です。

二萬三萬四萬四萬伍萬 五筒六筒七筒 一索二索三索

伍萬鳴かれずからツモ八筒打四萬での二萬伍萬ノベタン

三萬四萬伍萬六萬七萬 一筒二筒三筒 五筒六筒

八萬鳴かれずからツモ七萬で一二三筒を落として二萬伍萬八萬待ち

　ほとんどの読みに例外はつきものです。①②③の例外について、挙げたもの以外にも代表的なものとして、

・空切りやスライドでターツ落としに見えている
・一色手、トイツ手、ドラ使い等の決め打ち
・安手やトップ目等のスリム化
・手役や関連牌の飛び具合や安全度等の６ブロック進行
・字牌タンキ→ノベタン・亜リャンメン・タンキ絡みの複合形
・不要牌だが切れなくて持っていた
・不要牌だが入れ替える安牌を引けず残っていた
　などがあります。

この「数牌の後の字牌手出し」「ターツ落とし」「ブロックが足りている」の3つを把握できていると、2副露者の残りスジが見た目上9本あっても、実際に刺さりそうな箇所は5本しかないなんてことも全然あります。通る4本に怯えてしまったら、通っていない5本を9分の1と誤認してしまったら、それがドラポンだったらと思うと、どれだけ重要なことかとわかると思います。それでは、ここまでの知識を用いて実際に副露読みをしてみましょう。

東家捨牌　南 北 ⑤⑤ 🀫 ① 西　⑥　　ドラ □

東家副露　②② ⑧⑧ ③③　🀫 伍 六　□ □ □
　　　　　□ポン打北、四萬チー打西、⑧チー打⑥

河だけ見ればリャンメン待ち候補は 一四七萬・二伍八萬・三六九萬・①④⑦筒・②⑤⑧筒・③⑥⑨筒・１４⑦索・２５⑧索・３６⑨索（14スジ）

Q4 「数牌の後の字牌手出し」によって、どのスジが否定できるでしょうか。

Q5 「ブロックが足りている」ことによる「シャンテン数の進む食い延ばしの否定」を用いて、どのスジが否定できるでしょうか。

Q4解答　🌼🀇🀇・🀇🀇🀇・🀇🀇🀇🀇

🀇🀇の後にチー打🀂と字牌手出し。これにより

・🀇🀇のマタギが通ること
・打🀇のタイミングでブロックが足りていたこと

これらのことがわかります。この段階で🌼🀇🀇・🀇🀇🀇・🀇🀇🀇🀇が否定されます。ドラポンという勝負手で🀇🀇🀇や🀇🀇🀇🀇からポン材を拒否しての🀇を先切りや、ブロックが足りていないのに🀇を切って🌼🀇🀇🀇🀇🀇の受け入れ拒否をするとは考えにくいでしょう。

Q5解答　🀈🀋🀎・🀉🀌🀏

ブロックが足りていることにより🀫🀋🀎チー打🀂は🀉🀊🀋🀌・🀊🀋🀋🀌・🀋🀌🀌🀍・🀋🀌🀍🀎からの食い延ばしではないことがわかります。よって、🀈🀋🀎・🀉🀌🀏が否定されます。これらが待ちとして残った場合は「ブロックが足りないところから🀊チーの食い延ばしでシャンテン数が進んだ」ことになり、チー打🀂の前に🀇が切られていて「ブロックが足りていること」と矛盾します。通る理屈を確認するために、🀈🀋待ちになっている場合の打🀇のタイミングを復元すると、

🀉🀊🀋🀌🀝🀝🀇🀇🀂＋(トイツ)□□□

ここから🀇を切っていることになります。よっぽど手

狭に構えるのが好きな相手でないと🀊は切られないでしょう。ソーズの下が飛んでいて🀊が使いにくいといった状況による事情がない限り、これらのマンズリャンメンで刺さることはまずないといっていいでしょう。

よって14スジ中 🀋🀎🀑・🀌🀏🀒・🀞・🀟・🀣 の7スジ、半分のリャンメン候補が潰せることになり、待ち候補は 🀇🀈🀋・🀝・🀟・🀣 の7スジと愚形まで絞られます。きっちり副露手出しから情報を拾うことがどれだけ重要かがわかると思います。細かい補足をすると、

・🀞・🀝

テンパイからテンパイへの食い延ばしです。復元すると 🀜🀝🀞・🀝🀞🀟・🀞🀟🀠 からの 🀞🀝 チー打 🀟 ですね。ややこしいかもしれませんが、「シャンテン数の変わらない食い延ばし」はあります。ドラポンという勝負手で愚形残りなのにもかかわらず、西を切って🀊のリャンメン変化を見切ったことになるため、他のスジよりも少し可能性は低めになります。

・🀇🀊

🀌🀌🀍🀍、いわゆる二度受けの並びトイツから仕掛けたことになりますね。チーの直前に 🀌🀍 が切られていたら、ポンがされているはずです。🀌🀍 が切られているか、それがチーからどれだけ離れているかは確認するようにしましょう。直前なら 🀇🀊 のリャンメンには刺さらなくな

ります。

　親満確定の残り7スジとなると、この巡目にしてかなりの情報が出ています。読みで通せる牌を押して蹴る可能性をみる、7スジのどれかが浮く場合はそれなりの手は入っていても押せないケースが出てきます。さらに情報を増やして例を挙げましょう。

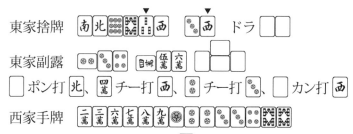

　ドラ騒動が起きていますが[六萬]押しの一手です。外側の[九萬]ではないのかと疑問を覚えた場合は、[伍萬][七萬]＋(トイツ)、[六萬][六萬]＋(トイツ)、[九萬][九萬]＋(トイツ)の最終形について、打[筒]のタイミングでの手牌復元をしましょう。

　この[六萬]は副露読みの知識がないと両無スジの危険牌に見えますが、知識があれば完全安牌に近いと見抜けます。バラバラの手牌なら切り間違いレベルのミスも気になるところですが、テンパイなら役なし愚形ノミ手でもダマで押す方がいいでしょう。

　この親倍をピンフのみで粘ることができるか、通せずに一人旅をさせてしまうか。粘りで得られた数巡でアガリを拾うことができれば影響度は測り知れません。

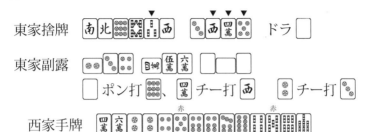

出アガリ満貫、ツモればハネ満の手牌ですが、打四萬で迂回の一手です。リャンメン候補はチー打⑧の段階で、すでに一萬四萬七萬・①筒・⑧筒・⑧⑨筒まで絞られました。そこから四萬⑧筒が通り、①筒・⑧⑨筒しか残らなくなります。

カンチャン候補、シャンポン候補が少し残っていますが、放銃率は30％を超えるでしょう。12000に30％刺さるとなると、それがとんでもないコストであることがわかると思います。

システム28 －字牌の前後は情報の宝庫－

設問は字牌の手出しをきちんと把握しているかいないかで、残りスジが14本→7本と変わりました。リャンメンだけで見れば、1本押すことによる放銃率が倍違います。手出しツモ切りを見るのが苦手な人でも、副露手の字牌前後だけは見落とさないようにしましょう。どういう読みができるかを把握し反復練習をすると、自然と見落としにくくなります。

副露読み 3 ーチー出し牌の法則ー

南家捨牌 🀫🀫🀫🀫🀫🀫 一萬 三萬 ▼西 ▼八萬 🀝 ドラ ⬚

A 🀟🀟🀟 ⬚⬚ ⬚ポン打 一萬、🀟チー打 🀝
B 🀟🀟🀟 ⬚⬚ ⬚ポン打 一萬、🀟チー打 🀝

Q6　副露ABに 🀝🀝 リャンメンに刺さる可能性を考えるために、雀頭と1メンツを省略して打 西 のときの手牌を復元してみましょう。

Q7　副露ABに 🀝 マタギ以外のリャンメンに刺さる可能性を考えるために、雀頭と1メンツとリャンメンターツを省略して、打 西 のときの手牌を復元してみましょう。

Q8　副露ABに 六萬 九萬 のリャンメンに刺さる可能性を考えるために、雀頭と1メンツを省略して打 八萬 のときの手牌を復元してみましょう。

　また、Q6〜Q8によりどのような法則が見出せますか。

南家捨牌 🀫🀫🀫🀫🀫🀫 一萬 三萬 ▼西 🀝 🀅 ドラ ⬚

副露 🀟🀟🀟 ⬚⬚ ⬚ポン打 一萬、🀟チー打 🀅

Q9　副露に 🀅 が待ちに絡んでいるとき、待ちの形となる 🀅 ＋2枚の形をすべて挙げましょう。

まず副露の最終手出しについて、重要なものとそうでないものがあります。重要でないものは、

・ポン出し
・仕掛けたブロックのフォロー牌（[索3][索4][索5]チー打[索6]など）

です。なぜなら、「なぜその牌を持っていたか」ということからあまり情報を得られないからですね。

ポン出しの場合は、持っていた牌が待ちに絡んでいるのか雀頭になっているかが不明であり「その周辺の牌を持っていそう」ぐらいの情報しか得られません。ポンされた牌がトイツ固定されていた場合は、手出し牌周辺にトイツを持っていそうとなるくらいですね。

フォロー牌の手出しについては、仕掛けたブロックをフォローするという引っ張る理由が明白すぎて情報を得られません。それに対し、フォロー牌以外のチー出し牌については引っ張ることに理由が必要となり、読みの重要な材料になります。

まず前提として、ターツ落としが入っているためブロックは足りていて、[西]の後に出てきた[筒]や[索]は何かしらの形で必要があって手の内に残っていたといえそうです。それを踏まえたうえで、設問を見ていきましょう。

Q6解答　[索3][索4][筒3][筒6][索][索][西] ＋（トイツ・メンツ）

以下Q8まで、副露Bは[索4]を[索5]に置き換えるだ

けのため省略します。見出せる法則は解説で扱います。

[西]を切ってチー打[6s]としています。受け入れが増えず機能していないのに安全でない[6s]を引っ張っているように見えますね。[3s4s]リャンメン待ちなら[6s]を引っ張る理由がないように見えます。これが[3s4s]リャンメンチーではなく、[3s5s]カンチャンチーでも同様のことが言えそうですね。つまり、「チーしてフォロー牌以外が出てきたら、裏スジリャンメンには刺さりにくい」といえそうです。あくまでリャンメンだけなので、カン[6s]や[6s]の愚形待ちは特に否定されません。ですが、リャンメンがなさそうなのは安全度が比較的高くなる要素といえるでしょう。

Q7解答　[3s4s6s西]＋(リャンメン・トイツ・メンツ)

[西]を切ってチー打[6s]としています。受け入れが増えず機能していないのに安全でない[6s]を引っ張っているように見えますね。[6s]マタギ以外のリャンメン待ちなら[6s]を引っ張る理由がないように見えます。これが[3s4s]リャンメンチーではなく、[3s5s]カンチャンチーなら、[6s]にくっつけての好形変化をみて残した可能性がありますね。また、リャンメン待ちではなく愚形残りでも、好形変化をみて[6s]が残ることはあるでしょう。よって、「リャンメンチーしてフォロー牌以外の数牌が出てきたら、マタギ以外リャンメンには刺さりにくい」といえそうです。例

えば[三萬]の両隣の[二萬][四萬]は安全度がかなり高いと言えるでしょう。リャンメンには刺さりにくく、カンチャンやシャンポン待ちならフォローする必要があるため[三萬]が手の内に残っているはずですから。

Q8解答　[四筒][五筒][六筒][七萬][八萬][八萬]+(トイツ・メンツ)

[四筒][五筒][六筒][七萬][八萬][八萬]から[七萬]を残して打[八萬]としていることになります。[七萬]がターツに絡んだ[六萬][七萬][八萬]、[六萬][七萬][八萬][九萬]のような場合でも、ポンテンをとるために[八萬]が手の内に残って違う牌が切られるはずです。これが[四筒][五筒][六筒]リャンメンチーではなく、[四筒][六筒][五筒]カンチャンチーでも、

・[八萬]や雀頭がほとんど枯れており、ポンテンを見切った
・カン[五筒]が薄いため変化を求めた
・[四筒][五筒][六筒][七筒]と持っていて[七萬]が孤立牌として優秀だった

などによる事情がない限りはポンテンをとれる形に受けそうです。特にカン[五筒]のような内側の弱いカンチャンではなく、外側の強いカンチャンのチーならなおさらでしょう。よって、「チーしてフォロー牌以外が出てきたら、それ以前のマタギのリャンメンには刺さりにくい」といえそうです。

シャンポンなら[四筒][五筒][六筒][六萬][七萬][九萬][九萬]+(メンツ)のような形でありそうですが、例えば[九萬]が3枚見えていればシャンポンがないためより一層安全といえるでしょう。

Q9解答　[牌]・[牌]・[牌]・[牌]・[牌]

　これについてはこれまでの復元作業のような「通る理屈を詰める」作業ではなく、「待ちの形を絞る」作業になります。特に１９牌については利用価値が低い分、わざわざテンパイまで引っ張っていたということは待ち候補を考えるための大きなヒントになります。メンゼンの場合は入り目の問題があるのに対し、副露手は入り目が見えているため、待ちとして残っている可能性が高いと言えます。代表的な３枚形については、仕掛けを見てすぐにパッと思いつくようにしましょう。今回は[牌]が切られているためリャンカンはなさそうですね。[牌]がポンされてなければカン[牌]、ペン[牌]はなさそうなど、他に情報があればさらに絞られます。ノーテンの場合は通常副露手ではカンチャンやペンチャン固定よりもポンできるトイツ固定が一般的なため、[牌][牌][牌]か[牌][牌][牌]の形で持っている可能性が濃厚になります。

　多くの副露読みの法則については、この省略した手牌復元によって得られています。手牌を復元する作業は押したい牌が通るかを見落とさないために役立つのはもちろんのこと、新たな法則に気付くことにも役に立ちます。打っている半荘だけでなく、牌譜検討でも手牌読みをじっくりすることで別の半荘にもいきるわけです。違和感のある仕掛けを見たら、必ず復元作業を行うようにしましょう。

システム29 －チー出し数牌にヒントあり－

情報になりにくいポン出しとは異なり、チー出し、特にリャンメンチーの非フォロー牌の数牌手出しの場合は、濃い情報が含まれます。なぜその数牌が必要とされていたのかのパターンを挙げて、牌譜があれば答え合わせを行い、知識を蓄えていきましょう。

補足資料　副露読みブレイカー

チー出しの法則について、そのほとんどがここまでの副露読みで駆使した「省略した」手牌復元によるものです。理解して実戦で使うだけでもある程度は役に立ちますが、それなりの頻度で足元をすくわれます。省略することによって見逃されてしまう例外パターンが存在するからですね。例外がどれだけ多いがその法則の信頼度のカギになります。

Q6例外

[8][8][西] +
[1][1][2] ・ [2][3][3] ・ [3][7][7] +（メンツ）
[1][1][2] ・ [2][3][3] ・ [3][7][7] ・
[8][8][9][9] +（トイツ）

Q7例外

[8][8][1][2][西] +（リャンメン＋メンツ）

Q8 例外

例外の代表格として多くの場合に付きまとうのが、
(1) 🀆🀆🀆🀆🀆🀆、🀆🀆🀆🀆🀆🀆、🀆🀆🀆🀆🀆🀆 のような複合形
(2) 🀆🀆🀆🀆🀆🀆 のような変則三面
(3)アンコからの雀頭固定
(4)ノベタン亜リャンメンなどの単騎絡み

これらの例外を除外できるパターンとして、
(1)周辺が切られているかチーされていない・3副露

Q6の副露手出し🀆の前に🀆が切られている場合、🀆🀆🀆🀆🀆・🀆🀆🀆🀆🀆🀆・🀆🀆🀆🀆・🀆🀆🀆🀆🀆・🀆🀆🀆🀆🀆 など多くのパターンが除外されます。

また、3副露の場合、複合形は最大4枚形までであり、多くの複合形が物理的に作れなくなります。

(2)　3副露

3副露は7枚要る変則3面張を作れません。

(3)その牌が3枚見えている

3枚見えていれば残りが1枚で雀頭になりません。

(4)トイツ落としが入っている

特に3副露は多くの例外パターンが潰れ、ノーテンの可能性も低いため、高い精度で読めるケースが多くなります。

Q9で🀛が切られていない場合

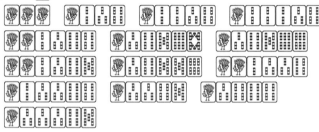

など多数の複合形により、特定の形に絞るのは難しくなります。特に🀛🀛🀛や🀛🀝🀝からの打🀛など雀頭絡みで他の色の待ちになるパターンが厄介なところです。

システム30 －法則を過信するな－

読みはあくまで微妙な手牌やベタオリでの手詰まり時に打牌に影響するものです。ですが例外パターンを暗記してしらみつぶしができれば、心中できるケースはより多くなるでしょう。難易度は高いですが本気で麻雀道を究めたい人にはいずれ必要になるでしょう。

副露読み4 －どこまで読めるか－

西家捨牌　一萬 九萬 ③ ⑤⑤ ▼ 🀫　ドラ 中

西家副露　🀫🀫🀫 西中西
　　　　　西ポン打 □、🀫ポン打 🀫

Q10 この2副露に対してどのようなことが読めますか。また、7枚の牌姿はどのようなものが思い浮かびますか。

副露読みというと、難しいことを読めることももちろん重要です。これまで扱ってきた副露読みはドラポン＋ヒント多めという情報量の多い仕掛けで、読めているかいないかで牌の危険度に差が生じていました。ですが実戦ではこのようなよく読める仕掛けはあまり多くありません。「たまにある多くのことが読める仕掛けをきっちり見切って対応する」のも重要ですが、「大体のよくわからない仕掛けに対して、これ以上読めないという認識を持ち、自分の手牌都合で無視できる、オリられる」こともまた重要な副露読みの一つとなります。

Q10 解答例
- ⑧ ～ 🀫 が通りやすい
- テンパイの場合先切りがなければ、待ち候補は 二萬 ～ 八萬

と🀝以外のソーズと🀟と字牌。愚形も多数残る。
・カン🀟以上のブロックが揃っている
・１シャンテンかテンパイである

　染まっているか……不明
　ドラを持ってそうか……不明
　テンパイか……不明

　🀟🀟のブロックが手出しで払われているということは、カン🀟以上のブロックが足りていている、ブロックが足りているということは、もう１つ鳴けば手牌４枚でターツが２つ、つまりテンパイとなります。２シャンテン以下はないと言えます。

　ピンズ数牌の後に字牌の手出し＋仕掛けが入っているため、ピンズのマタギは薄目でしょう。🀝🀝や🀟🀟から🀟や🀀を切っている場合はわざわざシャンポンに固定していることになります。愚形のフォローを見切ってまでシャンポンに固定する理由として、真っ先に浮かぶのはトイトイでしょう。

　現状の情報ではこれ以上のことはわかりません。ターツ落としや字牌の手出しが入っていますが、それでも捨牌にほとんど１色しか並んでいないため、わかることはこの程度です。これでも情報はそれなりに得られている方でしょう。一応最終副露手出しの🀝がどういう牌なのかといったことが少しありますが、大して重要ではないので省きます。

鬼打ち天鳳位の麻雀メカニズム　PART4　副露読み

　この「わからない」という結論を出すことは副露読みにおいて非常に重要です。現状２つのポンでソーズ染めやトイトイの可能性が残っていますが、マンズでターツやメンツを持っている可能性、ピンズのメンツを持っている可能性がまるで否定されていません。マンズやピンズを持っている牌姿で手牌を復元し、それに矛盾が生じて初めて一色手であると確定します。

　例えば赤牌やドラ含みリャンメン落としが入っている場合ですね。単純なリャンメン落としが入っても、染まらない色のリャンメンを持っている可能性、メンツを持っている可能性がいくらでも残ります。カンチャン落としよりは染まっている可能性はもちろん高くなりますが、「一色手確定」にはなりません。

　手牌７枚の牌姿について、どのようなものを思い浮かべたでしょうか。ホンイツやトイトイ、ドラを持っている牌姿のテンパイしか思い浮かばなかった場合は副露に対するリスペクトが強すぎます。牌譜や観戦で仕掛けの中身を見てみましょう。安い仕掛け、バラバラな仕掛けがいくらでも観測できます。

　例えば 二萬 四萬 ③ ⑤ ⑥ ・ 六萬 七萬 七萬 ⑧ ⑧ ・ 三萬 伍萬 七萬 發 ⑧ 西 西 といった牌姿である可能性はなんら矛盾なく成立し、レアケースでもありません。１段目の役牌仕掛けてのノミ手１シャンテンはほとんどの人が取りますし、愚形含

み2シャンテンでも多くの人が仕掛けています。もちろん、ドラを持っている牌姿、染まっている牌姿、トイトイの牌姿も矛盾なく成立します。

　大事なのはそのパターンの比率ですね。まださほど高いとは言えません。副露率25%以下や45%超えのような極端な打ち手については人読み面で少し話は変わってきますが、平均的な副露率35%前後の打ち手なら1000点の1シャンテンを手牌の可能性として全く外すことはできないでしょう。

　こういう仕掛けに対して、ソーズや生牌に過敏になりすぎないこと、すなわち「勝手読みをしてはならない」ということです。副露読みを覚えると「読んで何かをする」ということがしたくなってしまいますが、「読んだ結果パターンが多すぎてよくわからないし、手が入っているから、とりあえずヒントが増えるまでラフに無視する」「手が入ってないからラフにオリる」という対応を正確にできなければなりません。

　すなわちパターンが多いということを正しく認識しなければなりません。パターンが多いか判断するには安い牌姿や愚形の牌姿で手牌を復元してみるといいでしょう。その復元が矛盾なく成立すれば、パターンが多いと言えます。

　リーチに対して待ちも打点もわからないけど手が入っていないからオリる、手が入っているから押すといった対応

をしますよね。それと同じことです。対リーチと比べるとテンパイかすらわからないため、だいぶ押しやすいですね。

　Q10の仕掛けなら、少なくともテンパイしていればヒントが増えない限りすべて押しますし、1シャンテンでもそれなりの打点が見込めればソーズも全然切っていいでしょう。例えば、

三萬四萬四萬(赤)伍萬六萬④⑤⑥⑦⑧⑨｜｜中　打 中

→リーチタンヤオドラ1の1イーシャンテン程度なら役牌のドラくらいサクッと押す。赤⑤も押す。

一萬三萬伍萬④⑤｜｜｜｜　　發發東　打 ④

→中盤で安く遠い安牌のある手牌で押すのは見合わない。全体に安全な □ をキープしながら受けられるので、とりあえず通るピンズを切る。

といった感じですね。特に1段目の先制2副露は何でもあることがほとんどで、早すぎる対応をしてしまうと、
・相手がノーテンのタイミングで安牌を消費してしまい、テンパイしてから手詰まる
・他家が追いついたタイミングで安牌を消費しきっている
・自分の手牌の可能性を潰してしまう
・安手に打たなかったがために高打点の被ツモを誘発する
　こういったリスクをはらんでいます。
　「いろいろありすぎて読めない」ことを認識し、「無視し

ていい仕掛けを無視できる」というのも立派な副露読みの一つになります。

　Q10もそれなりに読める方ですが、それでも一色手かやトイツ手かどうかは全く確定しません。

　そして、ヒントが増えた際にまたどういう対応をするか修正をかけていくのです。例えばマンズに手出しが入ればほぼ染まっていないとみていいですし、役牌ポン、ソーズ手出しが入れば当然ソーズやシャンポンがありそうな生牌の警戒度が高まりますね。

　ではどういう仕掛けが読めないのか、それは、

・字牌の手出しがない
・ターツ落としがない
・ブロックが足りているかわからない
・ほとんど一色しか切られていない
・１副露（特に役牌）
・打点要素がなく安そうに見える

　以上の仕掛けです。つまり「副露手のＳランク情報」が出ていない仕掛け＋１副露＋安い副露ですね。ここまで１副露の牌姿を一切扱ってこなかったのは、読めないことが多いからです。

　ここまでドラポンばかり扱っていたのは「安くて戦いにくいから守備的に手狭に構えていた」という例外がなく、読みやすく読む価値が高いからです。また、２副露３副露

になると前項で挙げた例外パターンがだんだん少なくなってきます。実戦ではこういうパターンが多すぎて読めない仕掛けがほとんどで、

・何翻晒されているか
・残りスジはどれくらい残っているか
・切ろうとしている牌で刺さるとドラや手役が絡むか
　という、見えている情報以上のことはわかりません。

　質の高い情報が出ていないときに、それ以上のことを勝手に読み取ろうとしないように、特定の放銃形や牌姿をイメージしすぎて他の牌姿がいくらでもあることを見落とさないようにしましょう。

システム31　－序盤のドラなし２副露は無視－

　安い手牌、遠い手牌でも仕掛けるような環境では、序盤の安易な副露への対応、オリは失点につながります。明確にテンパイが見えており、高打点にもなりやすいリーチに対しては序盤からでも堅く対応をしなければなりません。それに対し、張っているかすらわからない仕掛けに対しては、ドラポンのような高打点確定でもない限り、手が入っていればたまにある事故は承知で無視しなければならないことが多くなります。見えるドラが１枚２枚と増えていくにつれて、対応のレベルを少しずつ引き上げることになります。

副露読み5 －役牌バックと赤🀄－

A 南家捨牌　東 北 一萬 中 西 🀄 四萬 發 🀫　ドラ 🀄

　　南家副露　[🀫|🀫|🀫] [🀄|🀄|🀄]
　　　　　　　🀄ポン打北、🀫チー打🀫

B 南家捨牌　北 一萬 東 🀄 中 西 四萬 🀫 發　ドラ 🀄

　　南家副露　[🀫|🀫|🀫] [🀄|🀄|🀄]
　　　　　　　🀄ポン打東、🀫チー打發

Q11　副露ＡＢどちらの方が役牌の危険度が高いでしょうか。ただし、切られた字牌はすべてそのタイミングで生牌だったとします。

　役牌は3枚揃えるだけで他は33種の牌すべて自由に使える、最も優秀な副露手役です。21種類しか使えなくなってしまうクイタンとは比べ物になりません。数項目に分けて、役牌に絡む読みについて扱っていきたいと思います。

　役牌バックに見える仕掛けに対して役牌が切れずに止めたら、アンコ持ちに対して数牌で放銃してしまった。誰でもあると思います。多くの場合は読み切れないですが、アンコ持ちなのかまだトイツで完成していないのか、それを見抜きやすいパターンが当設問になります。

Q11解答　副露B

どちらも切られている牌種は同じですが、切り順と手出しツモ切りが異なっています。何が違うでしょうか。副露Aは初手から役牌を切り出してオタ風の[北]を温存し、持ってきた役牌もさっさと捨てています。それに対して副露Bは[筒]を先切りしてまで[發]を手の内に残しています。

副露Aの第一ツモ時が、

[三萬][四萬][八萬][八萬][八筒][八筒][八筒][八筒][南][南][東][西][北]

このような役牌1トイツだったとして、役牌の[東]をさっさと切るでしょうか。道中の[中]や[發]を簡単にツモ切るでしょうか。また、副露Bの手牌が[南]アンコであるとして手牌を復元すると、

[八筒][八筒][八筒][八筒][南][南][南][發]＋(トイツ・ターツ)[八筒][八筒]

となります。ドラ3の手牌でポンテン逃してまで[發]を引っ張るでしょうか。両方ともNoですよね。

すなわち役牌がギリギリまで引っ張られているほど役牌後付けの可能性が上がり、さっさと役牌が切られている場合は後付けの可能性が下がってアンコ持ちの可能性が上がります。副露Bはほとんど[南]か[ ]の後付けと言っていいでしょう。役牌アンコの場合は[筒]を先切りしてポンテンを拒否するにはよっぽどの理由が必要です。

よって副露Aと副露Bでは役牌の危険度は段違いに副露Bの方が高いといってよいでしょう。副露Bに対してはよっぽどのことがあっても[南]や[　]は切れませんし、数牌については割とラフに切れます。副露Aに対しては、役牌ポンしている3副露と同等に対応して然るべきでしょう。ですがこちらについては、[南][　]のダブルバックの場合は役牌を温存する必要性が薄く、人によってはシングルバックでも役牌を切ってパンパンに構えることもあるため、役牌アンコで確定というほどにはなりません。

システム32　－役牌が温存されているほど役バック－

　受け入れを狭めてまで孤立役牌を引っ張っている場合は、多くが役牌バックになります。テンパイ濃厚な場合、役牌の切りにくさが跳ね上がります。

　余談ですが巷には赤[5]がドラではなく1翻手役になり、それだけでアガれるルールが存在します。そのルールで序盤から役牌をバシバシ切っていて役が見えない仕掛けに対し、[5][5][5]が1点読みレベルの危険牌になるケースが出てきます。メジャーなルールではありませんが打つ機会があるなら頭の片隅に置いておきましょう。一度くらいは[5]の役なし裸単騎から赤[5]をツモってみたいものですね。

副露読み **6** －副露手役と役牌－

西家捨牌　🀫🀫九萬南伍萬四萬 北中　ドラ 二萬

A　🀠🀡🀣　🀣🀣🀣　ポン打 🀫　🀠チー打 中

B　🀠🀡🀣　🀣🀣🀣　ポン打 伍萬　🀠チー打 中

Q12　一色手濃厚の副露ＡＢについて、どちらの方が役牌をトイツ以上で持っている可能性が高いでしょうか。

Q13　役牌を持っている可能性が高いとした方について、役牌を持っていない場合はどのような手牌になるでしょうか。例を挙げてみましょう。

Q14　トイトイの可能性がある副露ＣＤについて、役牌の危険度を比較してみましょう

C　捨牌　北西🀫🀫中三萬南🀠　ドラ 🀎

　　副露　🀡🀡🀡　🀎🀎🀎　ポン打 🀫、🀠ポン打 南

D　捨牌　北西🀫🀫中三萬 南🀠　ドラ 🀎

　　副露　🀡🀡🀡　🀎🀎🀎　ポン打 🀫、🀠ポン打 🀎

役牌は多くの副露手役に保険が掛けられる便利屋です。しかし、その有能さゆえに切り順がキズになることも多く、手の内にあることが透けるパターンも多くなります。

一色手では、役牌を持っているか否かは待ちにも打点にも影響します。トイトイでは役牌を持っていることが透ければ、待ち候補の片方が透けることになります。持っていなければ、待ち候補となる生牌は最大5種類減ることになります。

Q12解答　副露A

非役牌仕掛けの後のターツ落としは重要な読み要素になります。なぜなら、役牌ポンは見えている部分に1翻縛りがクリアされていて、手の内は絵さえ合えば何でもありであるのに対し、役牌でない仕掛けは、

・手の内に部分役が隠れている

・仕掛けと手の内で全体役を構成している

という性質上、手牌のパターンが絞られます。

副露Aについては仕掛けた後に字牌の南をツモ切り、そこから四萬伍萬のターツが落とされています。つまり四萬伍萬というマンズリャンメンを持っていても1翻縛りをクリアする可能性があったということです。

一色手と両立しうるような手役、その代表格といえばもちろん役牌ですね。持っている可能性が非常に高いといえ

るわけです。

　それに対し、副露Bについては仕掛けたタイミングで🀌🀍ターツが落ちています。メンゼンの場合は「リーチ」「ツモ」という万能手役が常に備わっているため、役牌がなくとも問題なく🀌🀍が手の内に残ります。よって副露Aは高確率で役牌をトイツ以上で持っているのに対し、副露Bは役牌を持っているかは不明となります。

Q13解答

🀌🀍🀠🀡　🀢🀣(赤)🀤🀥　などタンヤオとチンイツの天秤

　では役牌以外にこの一色濃厚な仕掛けで天秤可能な副露手役は何か。答えはタンヤオとチンイツの組み合わせです。１２３の三色も見えないことはないですが、その場合🀁を切ったタイミングを復元すると、

　🀌🀍🀠🀡🀁＋（１２３ブロック×２・雀頭）🀢🀣🀤🀥

となります。🀌🀍をメンツにしても三色が崩れて役がなくなるので利用価値はないですし、そもそも強引すぎて考えにくいですね。

　以上のことから副露Aに対してピンズで刺さっても副露Bと比べてホンイツで済まされることが多くなります。ピンズで刺さる場合は役牌雀頭で安く済むこともあるのに対

し、トイツ以上で持っていることが濃厚な役牌で刺さる場合はタンキで刺さるなら別部分に役牌アンコがあり、シャンポンでも役牌の１翻が付き、役ホンイツの３翻が確定して平均打点が上がるため、放銃率の面でも放銃打点の面でもピンズよりも役牌が切りにくくなります。

　同じ一色手でも、数牌と字牌の危険度が変わってくるわけですね。

Q 14 解答　　副露Ｄの方が役牌の危険度が高い

　副露Ｃは🀤をツモ切って🀀を引っ張っている、つまり🀣🀤から🀤を切ってトイツ固定し、🀢🀥の受け入れを拒否してまで🀀を引っ張っています。

　どうしてもアガりたいドラポン仕掛けで、役牌トイツもしくはアンコならば🀢🀥受けはのどから手が出るほど欲しいはずです。つまりこの仕掛けは他の手役との天秤になっていないトイトイ一本の仕掛けで、役牌は持っていない可能性が高いといえます。

　ピンズの飛び枚数次第で一部例外はありますが、役牌などそれなりの手が入っていれば気楽に放り投げることができますね。

　それに対し副露Ｄは🀀を切ってまで🀤を残している、すなわち🀢🀥受けがどうしても欲しかったというわけです。ということはトイトイ一本ではなく他の手役が絡んで

いるということになります。役牌を持っているといえるでしょう。例外は場況で🀀の安全度が高かった場合くらいで稀でしょう。

システム33 －手役天秤に役牌あり－

　役牌は3枚揃えるだけで1翻手役として完成するため、あらゆる副露手役と両立可能です。一見全体役決め打ちと見せかけてそれを否定する切り出しがある場合は、まず役牌の存在を疑いましょう。例えば、

・タンヤオなのに字牌の後に19牌手出し
・一色なのに字牌の後に別色手出し
・チャンタやトイトイなのに字牌の後に４５６牌の手出し
　などですね。それと同時に役牌を持っていない場合はどんな手役があり得るかをチェックしましょう。

補足資料：役牌以外の手役天秤の簡易リスト

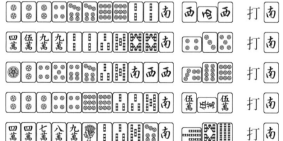

副露読み 7 —一色手の先切り—

東家捨牌　[一萬] [九萬] [四萬] [▼牌] [牌] [牌] [▼北] [▼中] [▼南] [▼發]　ドラ [牌]　東場

東家副露　[筒子] [筒子] [筒子]　[索子][索子][索子]　[牌] ポン打 [牌]　[牌] チー打 [發]

Q15　ドラを先に切ってのリャンメン落としが入り、一色手とみて間違いないといえます。[牌]の後に[發]の手出しにより、どれだけの待ち候補が否定され、残る待ち候補は何があるでしょうか。[①筒]〜[⑨筒]＋字牌からすべて挙げてみましょう。

　一色手は使える牌が染め色9種類と字牌7種の計16種類に絞られます。リーチは使える牌が34種あり正確にすべて数え切るのは難しいですが。一色手の場合は愚形も含めてすべて数え切れることも多いです。特に3〜7の数牌が字牌より先に切られている場合は、待ち候補がほとんどなくなります。実際に数えてみましょう。

Q15解答　[筒][筒]リャンメン、[⑤筒][東][西]　のシャンポン

　あれ？　これだけ？　他のピンズ待ちは？と思うかもしれませんが、ありません。副露手のSランク情報の項目で学んだことをいかしましょう。[發]手出しの前に[筒]が先に切られており、[筒]がフォローできる[筒][筒][筒]、[筒][筒][筒]、

[牌図]、[牌図]、[牌図]、[牌図]といった形がすべて否定されます。

数牌を先切りして字牌が残っていてブロックが足りていることから、[牌図]から[牌]をチーしての[牌図]待ちも[牌図]から[牌]をチーしての[牌図]待ちもありません。それなら[牌]を手の内に置かない人はまずいないですからね。[牌図]から[牌]切ってポンテンを拒否する人もいないでしょう。[牌]～[牌]の愚形待ちについても、カンチャン・シャンポンとも復元作業を行えばすぐに否定できます。二度受け[牌図]と[牌]シャンポン以外のピンズ待ち候補がこれで潰れました。

残る字牌は[東][西][　]。これがピンズと合わせて待ち候補のすべてとなります。高打点になりがちな一色手で待ち候補がほとんどない、この仕掛けに対して字牌を切るのがどれだけ危ないかがよくわかると思います。そこからさらに[牌]や[西]にポンが入っていなかったら……。よっぽどの好形高打点テンパイが入っていたとしても[東]や[　]は切れないと言っていいでしょう。待ちが[牌図]か[東][　]シャンポンの2点しか残っておらず、役牌は5800スタートになってしまいます。まだ[牌図][東][東][　][　]の1シャンテンの可能性は否定されませんが、放銃率はかなりのものになるでしょう。ここまでのスッケスケはそう多くはないですが、ちゃんと数えれば手牌に溺れての放銃を防ぐことができます。

副露読み 8 －字牌カウント－

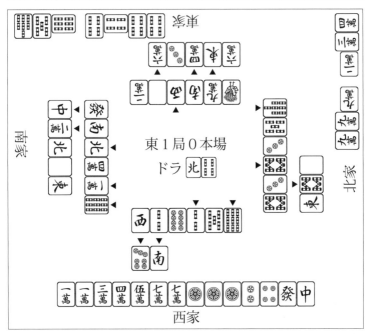

※東家 🀫 チー打 六萬(1枚目)、🀫 カン打 🀠
　北家 二萬 チー打 東、九萬 ポン打 □

Q16　西家から見て字牌はどの牌が何枚見えていますか。

Q17　東家の仕掛けがクイタンテンパイのとき、リャンメン待ち候補は何が残っていますか。すべて挙げましょう。

Q 18　字牌の飛び具合は対東家、対北家でどのように影響しますか。

役牌の残り具合はあらゆる副露読みにおいて重要になります。代表例としては、役牌バックと思わしき仕掛けがあるときでしょう。極端な話、仕掛けが役牌シングルバックテンパイ確定だとしたら、役牌が５種類残っていれば放銃率20％、１種類なら100％になります。生きている字牌の種類次第で、字牌を押す危険度が段違いに変わることがわかります。字牌をカウントが有効な局面としては見た目役牌バックの仕掛け以外にも

・見た目一色手
・見た目トイトイ
・河の濃いタンヤオ

　などに大いに有効です。Q16～Q18で、対一色・対タンヤオでの役牌カウントの有効さについて扱います。

Q16解答
２枚　　北 發 中
３枚以上　東 南　　西（ドラ表示牌）
Q17解答　🀡🀡・🀟🀟・伍萬 八萬
Q18解答例

　対東家　役牌が残っていると待ち候補に役牌と１９リャンメン、２８カンチャン、ペンチャンが増える。役牌がなくなるとタンヤオの残りスジ４本の放銃率が、そのまま1/4に近い数字になる。

対北家　字牌がなくなるほど北家が字牌を持っている可能性が落ち、テンパイ率増・チンイツ率増。

　わかりやすい対北家の一色手から見ていきましょう。この状況、字牌がほとんど飛んでいます。よって手の内に字牌を持っている可能性が低く、まだマンズが余っていなくても手牌すべてがマンズである可能性が高くなっています。チンイツの可能性が非常に高いのはもちろん、テンパイ率も高いといえるでしょう。

　これが場1や生牌の字牌が3、4種類生きているとどうでしょう。字牌を持っている可能性は格段に上がり、放銃時にチンイツになる確率は下がります。チンイツならミニマム8000赤持ちで12000ですが、ホンイツの場合はマックスで8000のミニマム2000です。放銃打点があまりにも違いすぎますね。

　そして、一色手で字牌が残っていると、テンパイ時の放銃率だけでなく、テンパイ率そのものも下がります。一色手は一色の1～9と字牌で構成されますが、字牌が残っていて待ち候補が多くなるということは、その待ち候補が埋まっていないノーテンのパターンが増えるということになります。

　最初から使える牌種の少ない一色手はその字牌数種類の影響が大きくなります。役牌ポンの残り33種使える仕掛けと比べれば、差は歴然でしょう。

以上により字牌の残り具合は、テンパイ率・放銃率・打点のいずれにおいても大いに影響するといえるわけです。

通常一色手は染め色が余るのがテンパイの目安になりますが、字牌がほとんどなくなっている今回のケースは、染め色が余っていなくともテンパイ率が高く、安易なマンズ切りが命取りになるというわけです。

東家のクイタンに見える仕掛けに対して字牌を数えるのはなぜか。それはクイタンでない可能性に大いに影響するからですね。

Q17ではタンヤオの待ち候補をカウントしました。鳴かれていない🀇🀏を除外すると残りスジ4本でリャンメンテンパイだとすると、1スジあたりの放銃率は25%になります。ただし愚形待ち候補として、カン🀕🀗、ペン🀢、🀕🀗🀏🀡シャンポンが残っているので、実際の1スジあたりの放銃率はもう少し低くなるでしょう。

これが、役牌が3種類生きているとどうなるでしょうか。クイタンは各色2〜8の21種類しか牌を使えないのに対し、役牌仕掛けは33種類使えます。そうなると、手牌のパターンが一気に増えるわけですね。

役牌が残っている場合、待ち候補として役牌があるのはもちろんのこと、🀆🀕シャンポン、🀆🀗・🀕🀗リャンメン、カン🀕🀗、ペン🀕も増えます。それだけ？と思うかもしれませんが、待ち候補が少ないところから他の待ち候補

が数種類増えると、テンパイ率・テンパイ時の2〜8牌での放銃率とも格段に下がります。

役牌が見えていなければ勝負手のテンパイでワンプッシュの選択があっても、役牌が見えていると勝負手が入っていてもテンパイワンプッシュすらしない可能性が生まれるわけですね。

西家の手牌はベタオリ以外にないわけですが、字牌が見えているか否かではオリる手順が変わります。

字牌がほとんど見えているこの図の場合は、東家に🀝で刺さる可能性はなく、北家のチンイツテンパイ率が高くなるため、🀇を切るという発想は生まれません。🀝アンコ落としがいいでしょう。

しかし、役牌がまだ多数残っている場合は、東家に役牌アンコの🀝の可能性があります。北家がホンイツノーテン止まりの可能性が高くなり、親の大ミンカンモロノリがいるこの状況では、局参加してツモってくれれば好都合です。よって役牌が多数残っていると、🀇でオリつつ北家に鳴いてもらうのを期待するという選択が生まれます。

システム34 −字牌を数える−

字牌、特に役牌は多くの局面でキーになる重要な牌です。飛び状況は、特に対副露は常に意識しましょう。

PART5
点数状況判断

点数状況判断 1 —微差トップ目のリーチ判断—

Q1 南3局西家。点数状況は以下の通りです。
東家22000・南家26200・西家27300・北家24500

　動きのない5巡目にA〜Dのテンパイが入りました。リーチ判断はどうしますか。

A　見た目4枚のカン🀛待ちタンヤオドラ1
B　見た目4枚のカン🀇待ち123の三色ドラ1
C　見た目7枚の🀝待ちピンフドラ1
D　見た目4枚のカン🀙待ち役なしノミ手

Q2　Q1について、動きのない11巡目なら、リーチ判断はどうしますか。

Q3　Q1について、リーチを受けている11巡目なら、リーチ判断はどうしますか。宣言牌は安牌とします。

　ラス前やオーラスは点数状況が打牌に大きく影響する局面です。特に当設問のように、微差のトップ目となると放銃によって複数着落ちが見込まれます。

　そのため、先制テンパイでもリーチ判断は慎重に……「しません」。

　ダマでアガってもトップ目でオーラスを迎えることができます。しかし、

・何点まで放銃できるのか
・放銃によってどれだけ着落ちのあるオーラスになるか
・ツモられでどれだけ着落ちがあるか
・横移動でトップ終了や着落ちがどれだけあるか
・西入がどれだけあるか。

　などなど、リーチしてアガるのとダマでアガるのでは、同じトップ目でも状況が全然違います。

Ｑ１解答　手牌Ｂはダマ。手牌ＡＣＤはリーチ

　手牌ＡＣのようなタンヤオドラ１、ピンフドラ１をダマでアガっても出アガリでは30000点にすら届きません。
・満貫放銃でラス落ちがあり身動きがとりにくい
・無放銃で逆連対はもちろん西入からのラス落ちすらある
・アガらないとトップがとれず、アガリなしでは２着以下
　とリスキーなオーラストップ目になってしまいます。それに対し、リーチしてアガった場合は、
・安手横移動やツモでアガらずともトップがとれる
・放銃しなければ２着以上はほぼ確実
・ツモや裏次第ではある程度差込みも可能
・放銃もラスらないパターン、２着以上のパターンが多い
　これは同じオーラストップ目でも大差になるわけです。先手がとれていて十分和了率が高く放銃率が低いなら、リターンをとりましょう。ダマにしてしまうと目の前の小さ

なリスクを嫌った結果、オーラスに別のリスクを残してしまい、結局はリスク回避になっていないというわけです。

手牌Dのような役なしリーのみでも、アガればトップ目でオーラスを迎えられるのに対し、アガれないと２着目でオーラスもしくはラス前が続行になってしまいます。アガってもあまり余裕のないトップ目とはいえ、アガれなかった場合の２着以下と比べれば全然アガリの価値があります。４５６愚形のような非常に弱い愚形ならともかく、２８カンチャン程度の悪くない愚形ならリーチを打ってあがれるうちにあがっておきましょう。

ただし、手牌Bのように役あり愚形テンパイで、ダマでもオーラスでそれなりに余裕のあるトップ目に立てるならダマがいいでしょう。ダマテンの最大のリスクである打点低下も、もともとそれなりにいい条件のトップ目に立てるなら渋々目をつむることができます。

Ｑ３解答　すべてダマ

しかし、明確に後手を踏んでいる、すなわち放銃のリスクが目の前に迫っているなら、相手を問わずそれに対して敏感にならなければなりません。Ｑ１では先手がとれていて「十分和了率が高く放銃率が低い」という条件があったからこそ、ダマにするのはリスキーとなったわけです。

「ラス前」「３着順ダウンあり」に「後手」が追加された

とき、好形でもほぼ無条件で役ありはダマになります。リーチを打たない選択肢が存在しない好形タンヤオドラ１、ピンフドラ１や２すらも多くはダマテンにするほどの異常事態です。後手を踏んでしまい明確に放銃率が高まっており、放銃して３着順落ちが見込まれるならオリる権利を残すことが重要になります。

Ｑ２解答　手牌Ｃはリーチ。手牌ＡＢＤはダマ

　見た目こそ先制テンパイではあるものの、３段目の近づいている11巡目となると「本当に先手が取れているのか」が怪しくなっています。

　Ｑ３で確認した通り、めくり合いはしにくい状況であり、追いつかれるという事象が頻繁に発生する巡目である以上、追いつかれてもそれなりの勝率の担保されているリャンメンならともかく、追いつかれてしまうと厳しい愚形についてはリーチ基準を少し厳しめにする必要が出てくるというわけですね。

システム35　－先手は常にがめつけ－

　先手がとれているなら十分な和了率が見込め、放銃のリスクは軽いため、トップ目だろうとガンガン曲げて次局の負担軽減を大事にします。ラス前で微差だろうと例外にはなりません。

点数状況判断 2 ―誰にアガられると都合がいいか悪いか―

Q4　南2局北家9巡目。点数状況は以下の通りです。
東家42000・南家30000・西家17000・北家10000（供託1本）
　リーチが入った直後に見た目4枚残りのカン[2s]でテンパイしました。役なしのノミ手で宣言牌は安牌、オタ風アンコ持ちでベタオリには困らなさそうです。先行リーチ者が東家、南家、西家の場合、それぞれについて追っかけリーチ判断はどうしますか。

　南場で点差の離れている点数状況は相手によって押し引きがガラッと変わります。着順変化が起きにくく、誰のどういうアガリが着順に影響するかが明白のため、誰のアガリは許容できるかできないかがわかりやすい状況といえます。

Q4解答　対東家　ダマ
　東家のリーチがそのまま東家のアガリになった場合を考えてみましょう。
・南2局が続く
・脇の放銃なら放銃者との点差が詰まる
・東家がさらにダントツトップになる
・ツモられると次局誰に満貫を打っても飛ぶ

最初の2つは自分にとって好都合ですね。ラス目では残り局数が減らず逆転のチャンスが増えること、脇が放銃して転がり落ちてくれること、いずれもラス回避のための重要な手段です。この親リーチはもはや天の恵みと言っていいでしょう。

　通常リーチ者にアガリを許してしまうと「アガった人との点差が開いてしまう」という都合の悪いことが発生します。ですが、残り3局のラス目でトップ目との点差が30000点からさらに開いて何か困るでしょうか。ラスの比重の大きい完全順位戦では、ほとんど逆転できないトップとの点差が広がったところで何一つ困りません。「安手で金持ちのリーチと喧嘩せず」は天鳳の点数状況判断の基本となります。この並びなら安牌がなくてもダマにして安牌が増えるのに期待する方がいいでしょう。

　一応ツモられてしまうと次局満貫放銃で飛び終了となってしまうデメリットはあります。ラス目でも即死せずに首の皮一枚をつないで逆転のチャンスを残すことに価値はありますが、それは首の皮一枚つないで逆転が見込めるならの話です。この持ち点から満貫打ってしまうと、残り2局ではもう着順上昇はかなり厳しくなってしまいます。それならば満貫打って飛びで終了しても大したデメリットになりません。

　以上から、通常アガリを許してしまうとまずい親リーが、この並びなら都合の悪いどころかメリットだらけなわけで

す。そんな親リーに対して愚形1300で勝負していいのか。答えは明確にNoなわけです。アガっても３着目と大して点差を詰められませんし、放銃しようものなら大惨事です。フラットなら安牌なし２８愚形リーのみ程度なら対親で追っかけても悪くはありません。ツモられても失点になりますし、待ちが悪くとも自分がテンパイならアガリ抽選が受けられる以上、蹴りにいく価値がないとは言えないでしょう。しかし、この並びでは追っかけリーチは明確に悪手になります。ラス目は通常よりも押し気味に打つのが一般的ですが、安手になってしまった場合はむしろ、点差の離れている相手には通常よりもかなり引き気味に選択しなければならないことを把握しておきましょう。

　「カン🀃の場況は……」といった疑問も関係ありません。リーのみの手牌では、親が連荘してくれるというメリットを覆すことはできませんから。「ラス目は連荘が大事」とよく言われますが、「(大きいトップ目に)連荘(してもらうこと)が大事」です。北家の立場ではベタオリするのはもちろんですが、安牌が十分あり、放銃しなさそうと見込まれるなら、

・カンしてドラを増やして脇の高打点放銃に期待する
・仕掛けて他家のツモ番を増やして放銃に期待する
・流局間際に張り直しても、ノミ手ならアガらない
　などの選択肢も出てくるでしょう。

Q4解答　対南家　ダマ

　対南家についてもこれ以上点差が開いてもさほど困りません。ただし、アガられると局数が減ってしまう、横移動も3着目の放銃以外は旨味がないため、対東家よりは若干押しやすくなります。対東家では愚形なら5200、好形なら2600あたりから勝負になるところですが、対南家ならもう少しハードルは下がるでしょう。

Q4解答　対西家　リーチ

　対西家はどうでしょうか。対トップ目2着目まではアガリを許したところでデメリットにならなかったのは、
・もともと逆転が厳しい点差だった
・アガられたところで3着目との点差は変わらない（むしろ西家が打てば自分がアガるよりも点差が詰まる）

　という事情によるものです。ラスという天鳳において最も重要な着順を争う3着目のアガリを許してしまうのは、ツモでも横移動でも大惨事です。現状の7000点差は残り3局なら逆転は現実的ですが、西家にアガられてしまうと残り2局では逆転が厳しい点差になってしまいます。3着目にデバサイを打ってしまうリスクはありますが、3着目のアガリを阻止して点差をキープすることに価値があるといえるでしょう。よって、ノミ手でもテンパイなら西家の手牌はリーチを打って潰しに行かなければなりません。

システム36 －金持ち喧嘩せず。ラス目は親の連荘に期待－

ラス目において、アガられても問題ない金持ちのリーチとは安手で喧嘩しない。特にそれが親なら連荘で局数が増える、脇の放銃の可能性など、ベタオリしてもいいこと尽くめです。

システム37 －近い相手のアガリ押し－

点差の離れている状況では、点差の近い相手に対してはアガリが見込める、すなわちテンパイしているだけで強く押す理由になります。安手でもアガリを潰すことに明確な価値が生まれます。

Q5 Q4と同じ持ち点で、5巡目に変則手には見えない捨牌で19牌のドラにポンが入りました。ラス目の北家の立場で手牌に生牌の孤立三元牌3種浮いていて、愚形含みドラ1の3シャンテンです。鳴いた相手が誰かでこの三元牌の扱いはどう変わりますか。

Q6 Q4と同じ持ち点で、東家、南家、西家の立場について、それぞれ誰のリーチに対して愚形リーのみで追っかけリーチを打ちますか。

Q7　Q4と同じ持ち点で、25000持ち30000返し、順位点が20-30の収支戦の場合、北家の立場で誰のリーチに対して愚形リーのみで最も勝負しやすいですか。

Q5解答　対東家は役牌アシスト、対西家は役牌すべて絞る

　まず、役牌3種浮いている時点で自分のアガリは厳しいことを把握しましょう。大体どれかヒットして戦えなくなります。東家に対して絞るとアガりやすくなるのは西家と南家です。特に西家はマズいですね。東家のアガリが都合いいのは本題で把握した通り。ならばアシストをして、両脇が放銃してくれることに期待するのがいいでしょう。

　それに対し、西家に満貫のアガリを許してしまっては一巻の終わりです。自分がラス目だろうとここは絞り、東家や南家があがってくれることに期待しましょう。

　安手で勝負するか否かと同じ考え方で、絞り判断にも誰にあがられると都合がいいか、悪いかが大いに影響します。

Q6解答
東家　対南家は追っかけ
南家　誰に対しても追っかけない
西家　対北家は追っかけ

　アガられても大して困らない相手には追っかけない。困る相手には追っかけて蹴りにいく。そう考えればわかりや

すいですね。

・東家

　西家や北家にアガられたところでまだ点差には余裕があり、蹴る必要性は低いです。南家にはアガられてしまうと逆転間近で都合が悪いため、追っかけリーチで潰しに行きます。南家以外にはツモられても点差に余裕があり放銃すると1→3着落ちもちらつきますが、南家に打つ分には大方2着で済みます。

・南家

　点差的には近くにいる東家や西家のアガリは阻止したいところではありますが、どちらに打っても2→4がちらついてしまうため、追っかけリーチは打たずとします。点差の近い相手のリーチでも、打たなければラスはないのに打つとラスに直結する場合は、かなり引き気味になります。着順落ちのない北家や点差の近い相手に放銃しても1着順ダウンで済む東家はアガられたら都合が悪いという理由で押すことができましたが、放銃して複数着順落ち、特にラス落ちが見込まれるなら、アガられると都合の悪い相手のリーチでもオリることが多くなります。点差の離れている2着目ではよくあることですね。

　これがトップの比重が大きいルール、例えば25000点持ち30000点返しの順位点10-30などなら、対東家は迷わずの追っかけリーチとなりますね。ツモはもちろん脇から

出アガリされてもトップとの点差が開いてしまい都合が悪いですから。

・西家

北家にアガられるとラスに落ちてしまうため、それを許すわけにはいきません。北家の判断基準と同じ理屈ですね。ただし、現在3着目で先行している側になるため、北家の基準と比べると若干引き気味になります。

Q7解答　対南家

オカあり順位点20-30は、順位点はそれぞれ4着→3着で10000点、3着→2着で40000点、2着→1着で30000点です。天鳳ルール想定ではラス→2着に対し、ラス→3着が非常に大きいため、2着目との点差がこれ以上開いても大してデメリットはないとなりました。しかし、2着の価値が高いルールなら、2着をまくることが当然重要になります。残り3局で20000差はまだ何とかなる範疇。よって、2着目の南家のリーチがアガられると都合が悪く最も潰す価値があり、追いかけやすいといえるでしょう。点差が離れている場合での押し引きを正確に行うために、自分の打つルールが着順変化によって何点変わるかを確認し、「誰のアガリが都合いいか、悪いか、素点を取るべきか」がどう変わるかをきっちり把握しましょう。

点数状況判断 3 ―変わる押し引き変わらない押し引き―

Q8 南2局9巡目。点数状況は以下の通りです。
東家42000・南家30000・西家17000・北家10000(供託1本)
　リーチが入った直後に河に2枚切られて見た目6枚残りのピンフドラ1をテンパイしました。
　リャンメンの片方は現張りで、もう片方は無スジ、宣言牌は安牌です。東家～北家それぞれの視点について、誰からのリーチかによって判断はどう変わりますか。全員分考えてみましょう。

Q9　Q8の点数状況において、見た目4枚の役なしドラ2のカン[🀋]の場合について、誰からのリーチかによって判断はどう変わりますか。全員分考えてみましょう。

　ばらけている点数状況ではラス前やオーラスでなくても、誰のアガリが都合いいか、都合悪いかを考えることは重要と前項で説明しました。
　では、それは追っかけリーチを打って当然の手牌のリーチ判断を覆すほどのものなのか、ダマにしてオリる・安くアガってしまうという失点を許容するのかという問題です。

Q8解答　東家　対西北家は追っかけ。対南家はダマもあり

　東場ならピンフドラ1の現張りをダマにするというリスキーな選択は存在しません。それは南2の点差が離れている状況でも基本的には覆さなくていいでしょう。

　トップ目の東家でもリーチでアガればゲームをほぼ終わらせることができ、南3局以降はアシストや差し込みなどのゲームメイクがやりやすくなります。それを2900や1300オールで終わらせてしまえば南家の満貫1回ですぐ射程圏になってしまいます。親が落ちた後も子に放銃する余裕はないことにより、2着目の連荘を誘発することにもなります。好形中打点のテンパイが入っていれば点差がそれなりに離れていても、次局以降の負担を軽くするためにリーチを打って打点を上げる一手です。

　ただし、最も点差の近い対南家のリーチについては、逆転されるリスクが目の前に迫っているという都合上、ダマテンにしてかわすのも選択肢に入るでしょう。アガられて困る人のリーチについては、蹴るだけでもそれなりに価値があるといえます。南2局で2着目と30000点くらい離れているなら、セーフティーリードとみて誰に対してもダマテンがいいでしょう。完全な安全圏にいないなら、逆転されないような安全圏に行き、ゲームをほぼ終わらせられて次局以降のリスクを排除する抽選を受けることに価値があるといえるでしょう。

Q8解答　南家　対東西家は追っかけ。対北家はダマもあり

　最も押しにくい２着目の南家についても、リーチしてあがることで明確に着順上昇が見込めて、なおかつ勝算が高いならリーチを打つ方がいいでしょう。ただし複数着順落ちに最も直結しやすい対ラス目については次局以降の負担が重くなるリスクを負ってでも、この局での勝率を重視してダマテンも選択肢になります。

Q8解答　西家　対東南家は追っかけ。対北家はダマもあり

　西家についても、ダマにして次局以降のリスクを残すよりは、ここでラス回避を決定づけるためにリーチを打つ方がいいでしょう。ただし、対北家については東家における対南家と同様、点差が近く蹴ることにも価値があるため、ダマテンにしてもいいでしょう。

　北家については……解答を書く必要もありませんね。誰相手でも逆転のためにリーチを打って打点を上げる一手でしょう。

Q9解答　東家　対南家は追っかけ。対西北家はダマもあり

　しかし、後手＋愚形となると話はそれなりに変わってきます。テンパイとはいえ勝率にそれなりに難がある場合は点数状況の影響は大きくなります。

　特に浮き側にいる場合は下振れのデメリットが大きいた

め、「勝率は低いがあがれれば高い」という押し返しはフラットな場合と比べてしにくくなります。

Q8の場合は後手でも勝算が高いという都合上、オリや安くあがるという失点を受け入れる選択はあまり残しませんでしたが、勝率が低い場合はそういうわけにはいきません。

それなりに競っている場合は2着以上にいても、局数が多ければオリても次局以降の負担になることと、アガれた場合の連対率はもちろんラス回避にも完全な決定打になるため勝負することになります。

しかし、点差が離れている場合は、対競っている相手でなければあがれなくても点差を守り切れることも多いため、高打点でも愚形では見合わないとして、引き気味の選択をするパターンも出てきます。

東家の場合、ノミ手で勝負する対南家はドラ2ならなおさらリーチですが、ノミ手では勝負する気のない対西北家については、ドラ2でもダマにしてオリるのも選択肢に入ります。親のドラ2というフラットなら勝負するしかない手牌でもオリの選択肢が生まれるのは点数状況の影響を大きく受けているといえるでしょう。

Q9解答
南家　誰に対してもダマテンもあり

西家　対北家は追っかけ。対東南家はダマテンもあり
北家　誰に対しても追っかけリーチ

　南家の場合は、ノミ手なら誰とも勝負できませんでしたが、ドラ２になってもようやく微妙になる程度でしょう。連対取りにつながりラス落ちに直結しにくい対西家が最も追っかけリーチを打ちやすいですね。

　西家の場合も、対東家や南家はフラットほど勝負しにくくなりますね。勝率が低くあがられても悪くない相手である以上勝負手でも愚形ではオリが選択肢に入ります。

　北家はラス回避の決定打とするために誰相手でも勝負していいでしょう。ツモられても都合のいい対東家に対してだけは微妙になりますが、ラス回避の決定打となりえる手なら愚形でも勝負していいでしょう。

システム38　－遠い相手の打点押し－

　点差の離れている状況では、点差の遠い相手にはアガられても困らないという都合上、安手で蹴る価値が低くなり、押し返すには打点が必須となります。

　浮き側では打点があっても勝率の低めな愚形、さらに勝率の低い１シャンテン押しは通常よりもかなり引き気味になります。好形中打点のような勝率が高くリーチ効率のいい手牌については、稼げるときに稼いで次局以降の負担を軽減するという原則に従います。

点数状況判断 **4** －変わる手組変わらない手組－

Q10　点数状況によって、どのような手牌でどのように序盤の手組が変わりますか。

Q11　南2局3巡目。点数状況は以下の通りです。
東家27000・南家23000・西家38000・北家12000

　手牌ＡＢＣから西家の立場で何を切りますか。また、北家の立場で何を切りますか。

A　一萬 二萬 四萬 伍萬 3筒 5筒 赤5筒 6筒 7筒 3索 赤5索 6索 7索 中　　ドラ 九萬

B　二萬 四萬 八萬 3筒 5筒 6筒 3索 5索 6索 7索 西 東 南　　ドラ 2筒

C　二萬 二萬 八萬 3筒 5筒 6筒 発 3索 西 西　　ドラ □

　序盤の手組の方針を軽くまとめると以下の通りです。
①先手がとれていればとにかく曲げる。後手を踏んでもテンパイなら愚形でも勝負する
②ブロックが足りなければ字牌から切り、5ブロック揃えることを優先する
③ドラ1～2はリーチ効率が非常に良いため、特にメンゼン重視。ドラ0とドラ3以上は多少手狭になっても仕掛けをみる
④孤立牌は打点と好形確定重視で残す。すでに打点がある

場合は好形重視
⑤トイツ手や一色手の決め打ちは、決め打つことで打点のある手牌になるかで判断する。

①が基本的な前提となっており、それをもとに②〜⑤の基準を掲げました。しかし、点数状況によって①の前提が少々崩れています。前提が崩れているということは、それによって変わってくる部分が出てきます。

Q10解答例

まずは浮いている側について考えてみましょう。

①の前提の内、特に後手愚形中打点で押し返しにくくなっており、ドラ2あっても愚形では追っかけないパターンも出てきます。愚形での勝負は先制限定気味となり、前提にオリが含まれるということは、仕掛ける手順や安牌を持つことがフラットな状況よりも重要になります。よって②③について、先手が取れるかが難しい手牌の場合、

・愚形になりそうならブロックが足りなくても１９牌よりも役牌や安牌を残す
・ブロックが足りなくなっても愚形ターツを払って役牌や安牌、手役候補を残す

となります。通常では全力でリーチに向かうドラ１〜２の手牌でも、先手が取れないと勝負できないとなれば、仕掛けや安牌を重く見るケースも多くなります。逆に言えば、

明確に先手がとれそうならば、きっちりリターンをとりにいかなければなりません。愚形だろうとリーチを打てるため、フラットと変わらぬ選択をします。

　④⑤についても後手を踏みそうな場合、判断は打点よりも好形・役ありを優先することになります。打点があっても愚形では後手で押し返しにくくなるためですね。

　手組の段階では好形や守備、役ありを重視することになりますが、「先手をとれてしまったときのリーチ判断」はあまり変わりません。後手を踏んだ場合に備えて手組を少々変えるのであり、先手が取れたのなら手組の変えた部分の意義が薄くなっています。手組と押し引きは守備や好形やリーチ以外の役あり重視、先手がとれた場合はそもそも守備の意味が薄れているため大体曲げる。手組の方針と先制リーチ判断の方針やその意味を混同しないようにしましょう。

　対して沈んでいる側については、①の前提の内、後手を踏んだ場合の安手での押し返しが、着順の近い相手を除き、しにくくなります。先手が取れそうな場合も安い場合は点差を維持して局消化してしまうことがデメリットになるため、②③について、５ブロック揃っていなくても安くなりそうな場合は１９牌を切って安牌を持つパターンも多くなります。また、役牌を重ねて仕掛けが利くようになるリターンが薄く、重ねられて鳴かれるデメリットが大きい

ため、「ブロックが足りていなくても１９牌も役牌もいらない」というパターンが発生し、鳴かれる可能性や安全度をみて「オタ風＞１９牌・役牌」とするケースも多くなります。打点重視になるのは当然ですが、安手の価値が落ちているため、安くなりそうなときは安牌を持って、都合のいい横移動や残る局に手が入る可能性を祈ることになります。低打点になる受け入れを狭めてでも高打点になる受け入れと安牌を持つことが重要になります。

Q11解答　手牌A　西家 [一萬]　北家 [　]

　現状ブロックが足りず、ドラが２枚のためラフに字牌を切ってメンゼンリーチを目指す手牌です。フラットならそれで問題ありませんし、打点の欲しいラス目の北家ならなおさら字牌からになります。それに対し、トップ目の西家の立場からでは、先手が取れるかの微妙さと仕掛けの手順の重要さから、タンヤオと役牌を重視して打 [一萬] とします。現状ブロックが足りないところからさらにブロックを減らすことになりますが、ソーズは２メンツが作りやすく、[二萬][四萬][伍萬] は１メンツ１雀頭が作りやすい形です。これにピンズ１ブロックとみれば、役ありとしてはブロックが足りていると言えないこともありません。ただし、タンヤオは見ますが仕掛けの判断は慎重になります。「オリを構想に役あり重視でスリムに構える」のにオリにくくするのは本

末転倒です。仕掛けての発進は明確に先手が取れそうなくらいに手牌が伸びてからで十分でしょう。

Q11解答　手牌B　西家 [八萬]　北家 [あ]

　フラットなら自己都合でオタ風の [東] からでいいでしょう。「ものすごくイケてるドラ１〜２の雀頭のない手牌」は役牌から切るとしましたが、愚形多めでそこまでいいというほどかは微妙なところです。打点や好形の種の [八萬] も残して目いっぱいに構えます。トップ目の西家の場合は [八萬] にくっつけて三色目を残すメリットも薄いため、５ブロック足りているなら打 [八萬] としてスリムに構えて、安全度の「比較的」高い字牌を残します。それに対し、ラス目の北家の場合は役牌を重ねての仕掛けのメリットが低いため、打 [あ] として周りに使われたくない役牌から先に処理します。

Q11解答　手牌C　西家 [　]　北家 [白]

　孤立牌の比較についてはフラットなら打点重視で打 [八萬] がいいでしょう。三色目はありますが不確定であり、確定する場合は愚形のため、重なるだけでリーヅモ満貫確定し仕掛けても高打点になる [　] の価値の方が優るでしょう。引っ張るデメリットよりも自手都合を優先します。

　それに対し、トップ目の西家の場合は打点よりも好形重

視で打[ ]がいいでしょう。[ ]を引っ張るデメリットもこの持ち点でアガれそうな手牌なら気になりますし、[八萬]にくっついての三色仕掛けやピンフの価値が高いです。ただし、中盤に入るころには[八萬]を安牌と振り替えたいところですね。

　ラス目の北家の場合はピンフのみや愚形リーのみの安手の価値が通常よりも低いため、打点の種である[八萬]と[ ]どちらかにくっつくことを前提に、この２枚を実質ブロックとみなして打[發]とします。

　[八萬]と[ ]をどちらか切っても高打点ルートは残せるため、フラットならダイレクトの[ ]引きを見てどちらかを切りますが、ラス目の場合はその一番うまくいったダイレクトの[ ]引きの旨味も小さいため、打点に決め打ちとします。

システム39　－後手は点数で手組を変える－

　フラットの場合は役なし愚形で追っかけリーチが打てるため、ドラ１あればラフにメンゼンリーチ手順を追うことが大事になります。しかし、後手愚形で勝負しにくい点数状況の場合は、後手踏みそうな愚形テンパイを目指す価値が低いため、安牌や役ありが大事になります。逆に、先手が取れそうな手牌ならば先制リーチでダメ押しが狙えるためフラットな状況とあまり変わらない手組をします。

点数状況判断 5 －オーラスアガリトップ？－

Q12　以下の手牌はすべて南4局アガリトップ、ドラ🀋で待ち番です。それぞれの手牌について、①～③の持ち点で何を鳴きますか。

手牌A　🀌🀎🀑🀢🀣🀤🀧🀨🀩🀄🀄🀆　3巡目

手牌B　🀂🀃🀅🀅🀢🀣🀤🀧🀨🀩🀂🀂　8巡目

手牌C　🀅🀙🀢🀣🀤🀧🀨🀩🀂🀂　5巡目

①東家38000　南家39200・西家10100・北家12700
②南家29000　東家26200・西家22300・北家22500
③南家39200　東家35000・西家11200・北家14600（2本場）

Q13　Q12について、仕掛ける牌姿は1副露した後も出るポン見るチーしますか。

「アガリトップは出るポン見るチー」というセオリーに関する問題です。アガリトップと一口に言っても状況はあまりにも多様で立ち回りが全くと言っていいほど異なります。アガリトップの中でも、

・アガれば2着から浮上するのかトップキープなのか
・何点まで放銃しても着順が落ちないのか
・他家のツモはどの程度の着落ちが見込まれるのか

・放銃によって何着順落ちるのか
・自分以外のアガリでのトップはどの程度あるか
　等々考慮しなければならないことは多岐にわたります。

Q12 解答
① A 🀋🀂🀅　B 🀌🀎🀂🀃　C 🀢🀃🀅🀗

Q13 解答　①ＡＢＣすべて出るポン見るチーする

　アガればトップ、アガリ以外のトップは南家の放銃のみで、着落ちは倍満以上必要。猪突猛進しなければいけません。「アガリトップ出るポン見るチー」を実行する局面で、3副露ノーテンだって上等です。手牌ＡＢＣすべてにおいて、鳴いて手が進む牌はすべて鳴きます。個別の牌姿を見るまでもないでしょう。

Q12　解答　②　Ａ　鳴かない　Ｂ　鳴かない　Ｃ 🀗
Q13　解答　②　Ｃ　2副露目はチーテンの場合のみ

　アガリトップではあるものの、放銃して3着順落ちまである非常に慎重にならなければいけない点数状況です。手牌ＡＢＣとも字牌トイツを有していますが、その程度ではとても守備力十分とは言えません。あまりにもバラバラすぎる手牌Ａ、巡目が間に合っておらず、仕掛けると🀂が出ていく前提の手牌Ｂは手牌13枚をキープして万全の構えにする方がいいでしょう。手牌Ａはバラバラすぎるので

スルーできる人も多いと思いますが、手牌Bも全スルーするのは特に重要です。現状こそ[西]トイツを手の内に有しているものの、このゼロメンツの手牌で8巡目から発進して1シャンテンになるのは、テンパイするのは何巡目になるでしょうか。捨牌2段目の後半に1シャンテンになり、3段目にテンパイすれば上々でしょう。そのタイミングで安牌候補として手の内に持っていた[西]は1シャンテンなら残り1〜0枚、テンパイなら0枚です。

しかし、2段目後半は大方煮詰まる巡目であり、いつリーチが入ってもおかしくありません。安全を2枚分確保して発進したはずが、気が付いたら安牌が欲しいタイミングですでに消失してしまっている。自分は押し返せない愚形テンパイや1シャンテン。

手牌Bで仕掛けると、そんなちぐはぐな状況が頻発します。それがラスに繋がっても結果論では済まされません。のんびり七対子でもしておきましょう。愚形だらけの鳴き効率の悪いクイタンと比べても、そこまで遅くなることはないでしょう。安牌の残しやすさは七対子とクイタンでは天と地ほど違います。8巡目ではなく1巡目でも先手が取れるかは微妙であり、一切の放銃が許されないこの並びは全スルーがいいでしょう。

手牌構成が外側のターツや字牌絡みになる手牌Cのみ急所の[🀅]くらいは仕掛けてもいいでしょう。ですがこれも

2副露は最低でもテンパイか西がアンコになり完全安牌に近い状況でないと動けないですね。間に合わなければ手牌を進めた価値が消失してオリの成功率が下がるという最悪が待っています。この状況では西すら切らずに済む可能性を上げるのは大事ですから。

Q12　解答　③A 伍萬　B 四萬　C 筒子

Q13　解答　③A B　2副露目は基本しない
　　　　　　 C　西以外仕掛ける

　子に3900放銃できない点数状況かつ、ラス目の西家は自分からは3900ないと倒せない。2着目の東家のアガリは阻止しなければならないため、ある程度はアガリに向かわなければならないですが、子への高打点放銃は避けたいところ。「守備力があまり落ちない範囲で急所の1副露はするが、手牌を極力スリムにして2副露目は手が伸びないとしない」くらいのバランスがちょうどいいでしょう。

　手牌Aはタンヤオの残る部分の1副露程度はしますが、2副露目は最低でも雀頭ができて鳴くことによって大幅な速度アップが見込めるようになってから動きたいところですね。手牌Bは巡目が早ければ全力タンヤオでもいいですが、8巡目では全然間に合っていないため、鳴くのは一番厳しそうな部分くらいでいいでしょう。鳴くにしても手牌に西はシャンテン数の数くらいはキープしておきたいで

すね。手牌ＡＢとも先手を取るのはかなり厳しいため、稀に先手が取れてアガり切れるパターンよりも、先手が取れないというほとんどの場合の手牌から３枚消失のデメリットを重視していいでしょう。守備力をキープしながら前進するのはよっぽどの好ツモでないと難しい手牌です。

　手牌Ｃはそこそこアガリ目もありそうでまっすぐ進めても西トイツを残せますし、手牌構成も全体的に外寄りのため、西ポン以外は仕掛けて進めていいでしょう。手牌Ｂと異なり、手が進んでも安牌候補の西が手の内から消失しないため、仕掛けやすさは段違いになります。

　また、Q12、13の仕掛けない牌姿において手の内に数牌の安牌を有しているか否かは判断に大いに影響します。最も動きにくい②の状況においても、全員に対して数牌で複数枚安牌をキープできるなら多少は仕掛けやすくなるでしょう。

システム40　－消える安牌にご用心－

　字牌を守備力としてクイタン発進すると、オリたいタイミングで字牌がなくなる事態が多発します。数牌のアンパイを持てているかは要チェック。

システム41　－オーラス２着順落ちはＮＧ－

　オーラス複数着落ちは重罪です。後手を引いたらオリるだけでなく手組・仕掛けの段階から引くことを考えましょう。

点数状況判断 ❻ －ラス目でのノーテン押し－

Q14　南1局西家ドラ🀎。点数状況は以下の通りです。東家45000・南家26000・西家10000・北家18000（供託1本）リーチ者が東家、南家、北家の場合、それぞれについて、手牌ＡＢＣについて押しますか。🀁🀂は生牌とします。

捨牌　🀇🀃🀝🀌🀇　🀝　🀋

A　🀉🀋🀍🀍🀍🀙🀙🀙🀠🀠🀠🀟🀟

B　🀙🀙🀚🀛🀜🀝🀞🀟🀠🀄🀄🀁🀂　🀅🀅🀅　出る🀄

C　🀋🀋🀋🀙🀙🀙🀠🀠🀠🀟🀟🀝🀝

　手牌ＡＢＣともフラットならベタオリするのが当たり前の手牌です。9〜10巡目にノーテンから「通っていない数種類の浮き牌をすべて通す」「テンパイを入れる」「めくり合いに勝つ」という3つの針孔(はりめど)に糸を通すのはあまりにもハードルが高いです。ではこの手牌から南1局10000点持ちのラス目という条件が付くことによって押せるようになるでしょうか。

Q14解答
A　🀝オリ　B　スルーしてベタオリ　C　🀝オリ
手牌ＡＢＣとも対東家、南家、北家問わず。

否、その程度の条件では押せるようにならないというごくごく当たり前の話です。一番押しやすいのは点差の最も近い北家ですが、無理に突っ込んでデバサイを与えてしまってはもうチャンスはありません。2着目の南家もまだ16000点差で、北家にツモられても残り3局あれば射程圏ですし、そうでなくても南1局というのはわざわざ無理をしなければならない残り局数ではありません。

放銃せずに耐えれば残り3局で手が入れば逆転が十分可能な点差ですが、打ってしまえば残り3局で手が入っても逆転は厳しくなってしまいます。どの手牌も、試合終了になるリスクを負ってまで戦うほどではないでしょう。ここから突っ込むのはあがらないとラス抜けできないオーラス、広く見てもラス前だけで十分でしょう。

手牌A

ドラ3の1シャンテンですが、両無スジの🀝と🀋で11スジ中の4スジ分押さなければならないのが確定しています。現物こそ1枚ですが🀝が先切りリャンメンにしか刺さらず比較的安全度が高く、🀝🀇🀝と抜いていけば放銃率はかなり抑えられます。愚形もそれなりにあるとはいえ、11分の4押してテンパイという土俵に上がれるかすらわからないのでは厳しいでしょう。

1スジ押しで済むか、せめて2スジ押しくらいの条件は

欲しいところです。4スジ押しと、1スジ押しは天と地ほど違います。ラス目だとしても後手を踏んでしまえば押さなければならない牌の種類の多い少ないは重要です。放銃してしまうとアガることはできなくなってしまいますから。

手牌B

　一応2役ホンイツの満貫が視野に入らないこともないですが、鳴いたところでブロックすら足りていない2シャンテンでピンズも浮いています。こんなバラバラの2シャンテンから字牌を「全ツッパ」していたらあっという間に飛んでしまいます。字牌は安牌ではありません。

　字牌が両方とも2枚飛びで安全だったとしても、染めの逆色をもう1枚引いた時点で2枚押さなければならずギブアップです。とりあえず瞬間安全に前進できるからと動くほどではないでしょう。アガリの見込みのまるでない牌姿から共通安牌を2枚も減らすのはラス目でも見合いはしないでしょう。まだ南1局です。発進するにしても、

- 字牌が現物
- 仕掛けてブロックの足りている1シャンテン
- 染めの逆色が浮いていない

　このくらいの条件は欲しいところです。後手を踏んで自分2シャンテン以下はとにかく全然アガれないですから。ラス目でなければポンするにはこれにもう一押し「好形揃

い」くらいの条件は欲しいところですね。

手牌C

四暗刻（スーアンコウ）1シャンテンです。四暗刻を成就させるためには「通っていない2スジの浮き牌をすべて通す」「テンパイを入れる」「めくり合いに勝つ」の3つの針孔に、さらにもう1つ「ツモアガリ」という針孔が追加され、さらに愚形確定です。ツモスーのみの1シャンテンは押さないという当たり前のことは、ラス目でも覆りません。

麻雀は後手を踏んだ時点で圧倒的に不利であり、その基本は少し沈んでいる程度では覆りません。通常ベタオリするのが当たり前の手牌がラス目だから程度の理由だけでは押し返せるようにはなりません。当たり前にオリる盤面で当たり前にオリ、次局の状況を無駄に悪化させないようにするのが逆転への最善の道です。こういう切れ押しを頻繁にしてしまうか、たまにで済むか、一切しないかは長期成績に大いに影響することでしょう。

システム42　－ラス目でもオリる－

ラス目の押し引きは、フラットと比べて少しだけ押せるようになる程度です。フラットで明確に押せない牌姿から押せるようにはなりません。

点数状況判断 **7** —断ラスの親連荘の価値—

Q15　南３局東家ドラ🀒。点数状況は以下の通りです。
東家5000・南家28000・西家30000・北家37000
手牌ＡＢは何を切りますか。手牌Ｃは何を鳴きますか。

A　二萬 二萬 六萬 六萬 ⑧ ⑧ ③ ④ ⑤ ⑥ 一索 一索 一索 西　　６巡目
B　一萬 一萬 四萬 伍萬 ⑤ ⑤ ⑧ ⑧ 中 中 東 南　　發　　２巡目
C　二萬 四萬 ⑧ ⑧ ③ ④ ⑤ 一索 一索 一索 一索 西　　４巡目

　断ラスのラス前親番という絶体絶命の状況です。連荘すれば可能性を繋ぐことができますが、その繋がれた可能性にどの程度の価値を見出せるでしょうか。

　「親番があれば連荘すればなんとかなる」。よく言われますね。しかし、連荘して何とかするには連荘によって生まれた次局に何とかなる手が入らないといけません。どうしても打点ができそうもないなら安手で連荘目標にもなるでしょう。

　ですが、いまそれなりに打点ができそうな手が入っているなら、次局の配牌に祈るよりも、この局いいツモを引いて高打点が成就するのを祈るのが着順上昇につながります。手牌ＡＢＣともなかなかの高打点の手牌が来ていますね。残り局数わずかで20000点以上ひっくり返さなければならない中、どの手牌も千載一遇の大チャンスと言って

いいでしょう。こういう手牌を仕掛けた安連荘で終わらせてしまうのは、ラス確をしようとしているようなものでしょう。

Q15解答　A　🎲

　タンヤオも見えなくはないですが、愚形まみれの3シャンテンです。首の皮をつなぐためにクイタンに向かい2900にしてしまうのは、自らの首を絞めるようなもの。ハネツモの1シャンテンなんて半荘やって何回入るかわからない大チャンスです。

　七対子は形テンの連荘ができないからと嫌われる傾向がありますが、形テンをとれて次局にハネツモの1シャンテンがどれだけ入るでしょうか。そもそもこの巡目で流局までもつれてテンパイすらしないということはどれだけ起きるでしょうか。そういった些末なことと比べれば、この手がハネツモに仕上がる頻度を落としてしまうことの方がよっぽど痛手でしょう。

　最も優秀なタンキ候補である西を切ってしまうと、ドラを引いてテンパイしても待ちが弱くなってしまいます。仮テンからのダマって変化を待つという構想はリーチを打てる巡目を数巡遅らせてしまいます。実質七対子のシャンテン戻しをするようなものです。

　両立する必要のない安いメンツ手など見切ってしまえば

いいのです。そもそもフラットでも七対子一本に決め打つのを推奨します。メンツ手は愚形が多すぎて仕掛けが利いても遅いですから、同じ愚形だらけなら現状1シャンテンの七対子の方が速度打点とも優れているでしょう。愚形祭りクイタンの3シャンテンより七対子の1シャンテンの方が早いです。

Q15解答　手牌B

　手なりで進めると役牌のみの1500や2000になりがちです。テンパイ料とほとんど変わりません。まっすぐ進めれば連荘できそうですが、2巡目ならチラついている程度の手役でも全力で狙う方がいいでしょう。安手の3シャンテンよりも、2役ホンロートイトイのハネ満や、2役ホンイツ、2役トイトイの満貫を最大限に見ていきましょう。ただし巡目が進んでも役牌が全く重ならず、アガリが厳しくなれば路線変更は必要になります。

　手牌を遅らせるため、連荘面でマイナスになるように見えますが、それほど連荘率も落ちません。安手に見える仕掛けをしてしまうと舐められてしまい押し切られがちですが、高打点の可能性をチラつかせることができれば引いてもらえるパターンも増えるため、連荘面でもそこまで悪くはありません。

　こちらも打点の価値の高い天鳳段位戦ルールにおいて

は、フラットでも打🀝を推奨します。最序盤でノミ手→満貫ハネ満見えるなら、和了率をガクッと落としても狙う価値はあるでしょう。

Q15解答　手牌C　赤🀝以外1枚目はすべてスルー

　愚形が捌けてのリャンメン5800テンパイはほとんど取りますが、この持ち点では取るわけにはいきません。当然和了率はがた落ちするでしょうが、ハネ満倍満クラスになる可能性を秘めた手牌を5800で終わらせてしまうのは、20000点以上離れているラス前ですることではないでしょう。巡目や枚数で目標を下方修正することは当然ありますが、4巡目の1枚目ならまだ待つほうがいいでしょう。2枚目以降や中盤からのカン🀉については渋々チーテンをとりますが。

システム43　－連荘に逃げるな－

　連荘にしかならない手牌なら連荘目標でいいでしょう。しかし、一発逆転の芽のある手牌を安手で終わらせてしまうのは、自ら逆転の芽を摘んでしまう行為になります。連荘した次局に手が入るかわからない以上、手が入っているいまを大事にしましょう。狙える高打点は親落ちのリスクを負ってでも狙わなければなりません。

点数状況判断 **8** －なぜラス目には押せないのか－

Q16　天鳳ではラス目には押しにくいとよく言われます。なぜですか。

Q17　以下の状況ＡＢＣについて、追っかけリーチ判断はどうしますか。9巡目で自手はピンフドラ2。宣言牌は現物、リャンメン片方現物片方無スジで1枚ずつ飛び、見た目6枚とします。
Ａ　東4局南家。ラス目の東家からのリーチ
東家18000・南家32000・西家23000・北家26000（供託1本）
Ｂ　南2局北家。ラス目の西家からのリーチ
東家16000・南家44000・西家14000・北家25000（供託1本）
Ｃ　南1局西家。ラス目の東家からのリーチ
東家5500・南家30500・西家32000・北家31000（供託1本）

　天鳳というラス1人で卓内のすべてのマイナスを背負うルールはラスを避けることは非常に重要です。「麻雀」ではなく「天鳳」であると昔からよく言われ、ラス目、特にそれが親なら放銃するのはご法度といわれます。ではラス目の親リーになぜ放銃してはいけないのか、頭の中で整理できているでしょうか。

　まず基本的な事柄として、「リーチ効率のいい好形テン

パイは現張りだろうとリーチ」が大原則となります。勝率の高さ、大きすぎる打点上昇、オリることによる失点を加味すれば曲げないという選択が生まれません。愚形だとしても役なしで曲げて5200あれば、これまでに挙げた特別勝負しにくい並びを除き、ほとんど勝負する方がいいでしょう。では冒頭の問いに戻って、対ラス目という条件は、この原則にどの程度影響するのでしょうか。

Q16解答例

　ラス目の親が相手だろうと押していい。「ラス目に打つことがラスに直結し、押しても着上昇につながりにくい」場合が「対ラス目」をオリる理由とする適切なパターンとなります。逆に言えば、オリても全然ラスがある、もしくは、押すことで連対率・トップ率を大きく上げることができれば対ラス目だろうと押すことになります。

Q17解答　状況A　リーチ

　放銃するとトップ目からの瞬間複数着順落ちが見込まれるとはいえ、まだ東場で打っても残り5局もあります。ダマであがれば37000持ちで南入できますが、まだ残り4局全員に親番があれば事故ラスも全然あります。それを避けようとタイトに構えると多くのトップや連対逃しに繋がります。リーチを打つことにより、ラスを10000点持ち

まで沈める、40000点や45000点持ちまで浮上することができれば、多少放銃してもラス落ちしないどころか連対外しもほとんどない、安泰な南場になります。特に天鳳では大きいトップ目ができると、ラスの比重が重い以上残り3人トップ狙いはしづらくなり、点差の守りやすさが違います。

　残り局数が多いときは、目の前の対ラス目という大したことないリスクよりも、ゲームを決定づけて残りの局を強い点棒の壁を以って楽なゲームメイクをできるようにすることが重要になります。勝算十分なら点棒をより多く積むことによる連対率上昇・ラス率低下を重く見て、多少の和了放銃率の悪化によるラス率上昇には目をつむるほうがいいでしょう。

Q17解答　状況B　ダマ
・上が大きく浮いている
・下2人が沈んでいる
　という2着目が、天鳳において最も押しにくい、追っかけにくい点数状況になります。
・ダマでもアガればほぼラスなしで2着もとりやすい
・曲げてアガってもトップを奪えるかは5分にも満たない
・アガればラス回避面は安泰、放銃はラス争いの仲間入りでラス率急上昇

という理由により、打点上昇の恩恵が抑えられ、放銃の痛手が大きくなっています。トップや素点の価値が高いほとんどのルールでは状況Bは追っかけリーチを打つことになりますが、天鳳ではダマテンです。しかし「対ラス目」という理由かというと微妙なところですね。誰に放銃してもラスに直結しやすく、全員に対して引き気味になるべき状況ですから。

　現張りでなくても十分ダマテンが選択肢に入りますね。1件なら出たが2件なら出なくなってしまうパターンは、特に前に出たい3着目にはありがちです。たまにあるそういうパターンをキャッチできるかすら考慮に値します。

Q17解答　状況C　リーチ

　これは鴨が葱を背負って来ているようなものですね。天鳳では1人大きく沈むラス目の親番を潰して、ラス回避をほぼ確定させることは強いダマの理由になります。しかし、飛ばし条件ができているなら話はまるで違いますね。

　「飛ばし抽選」というのは残り数局点差を守らなければならないのが、その作業を吹き飛ばして着順を確定させることのできる、非常に強力な抽選になります。飛ばさなくてもトップがほぼ確定するような状況なら飛ばしに固執する必要はないですが、飛ばさないとトップも連対もかなり逃せる状況からトップを確定させることができるなら、飛

ばしにいくのがいいでしょう。多少の勝率悪化は何てこともないですね。

システム44 ーラス目とでも勝負していいー
　ラス前やオーラスを除き、勝負手のテンパイは打点を上乗せして次局以降の負担を軽減するのが、連対取りはもちろんラス回避面でも優秀になります。それは相手がラス目であるという程度ではそうそう覆りません。

システム45 ーぼっちの２着目はオリー
　トップ目の場合は４人競っている場合を除き、放銃してもラス落ちしにくいためトップ狙いをしやすい。３着目や４着目はラス抜けのために押さなければならない場面が多い。２着目は上下が離れていると、オリてもラスりにくく放銃がラスに繋がる場面が多いため、押しにくくなります。

システム46 ー飛ばせるうちに飛ばせー
　リーチを打つことによって飛ばすことができるようになる場合は、よっぽど安泰な状況でない限りリーチを打つことになります。逆にダマでも直ツモで飛ばし条件ができている場合は、脇からの出アガリが寒くない限りダマテンになります。

点数状況判断 ❾ —ツモられて負けなら押すべきなのか—

Q18　南4局南家ドラ[中]。点数状況は以下の通りです。
東家41000・南家19500・西家14500・北家24000（供託1本）

西家捨牌　[發][裏][八萬][裏][裏][裏]　[一萬][裏][裏][發][六萬]　[裏]

　西家のツモでラス落ちしてしまう状況です。以下の手牌で6巡目、10巡目、14巡目に押しますか。それぞれの巡目で[裏]・[裏]・[裏]まで見えているとします。

A　[二萬][二萬][裏][裏][裏][裏][裏][裏][裏][裏]　チー[四萬][伍萬][六萬]

B　[伍萬][裏][裏][裏][裏][裏][　][　][　]　チー[一萬][二萬][三萬]

C　[伍萬][六萬][七萬][裏][裏][裏][裏][裏][裏][裏]　チー[裏][裏][裏]
　　赤　　　　　　　　　　　　　　赤

　流局テンパイをとる必要がない場合、ラス率を下げるのに必要なのは「西家の和了率を最小化すること」です。
　一応東家や北家がアガったり放銃したりすることもありますが、ラス落ちのある2着目の北家はとても前には出られませんし、北家が前に出られないことが認識できていれば東家はわざわざハネ満に刺さる抽選を受ける必要がありません。
　こういう状況で「ツモられても負けだから」という理由で押すのは明確に誤りになります。押す場合とオリる場合

でどちらの方が西家の和了率を下げられるかの比較になります。押す場合はオリる場合と比べて、
○自分がアガることによる西家の和了率低下
×放銃することによる西家の和了率上昇

　これらが見込まれます。自分の和了率・放銃率ではなく、それによって西家の和了率がどれだけ上下するかの問題なわけですね。つまり押すことによるプラスは、
①「自分がアガれる」かつ「自分がアガらなければ西家がアガってしまう」場合

　押すことによるマイナスは、
②「放銃する」かつ「自分が放銃していなければ西家がアガれない」場合

　この２つのパターンのどちらの方が多いかの問題なわけですね。

Q18解答　手牌B　6巡目 [伍萬]　10巡目 □　14巡目 □

　まずはわかりやすいところから見ていきます。14巡目は迷わず □ を抜いてオリましょう。ラス目の残りツモ番は４回しかありません。①の２つのハードルは大きく、ほとんど通過しないわけですね。それに対し、②のハードルは、「自分が放銃していなければ西家がアガれない」というハードルがすでにだいぶ小さくなっており、「放銃する」さえクリアしてしまえば大体両方とも通過しそうです。

「流局が近ければ大体ツモられないから押す意味がない」ぐらいの認識でいいですね。3面張でも無スジを引けばオリですし、愚形テンパイでもスジすらカンチャン・シャンポン両方残っていれば切らない方がいいでしょう。

6巡目の場合残りツモ12回もあり、オリてもそれなりにツモられてしまいます。通ってない牌がまだかなり多く、[伍萬]が特別きつい牌というわけでもありません。愚形でも自分がテンパイで序盤なら、押してアガることによる西家のアガリ阻止の方が、放銃による西家の和了率上昇よりも大きいとみていいでしょう。

10巡目はもう押しが見合わなくなっているタイミングでしょう。自分の待ちがリャンメンだったり、押すべき牌がもう少し通りやすい牌だったりでやっと悩ましくなるところですね。

Q18解答　手牌A　6巡目[牌]　10巡目[牌]　14巡目[牌]

手牌Bの説明を理解できれば、10巡目や14巡目ではとても押せないのは明確でしょう。ベタオリしてツモられないのを祈ることが最大の勤めになります。

6巡目という序盤で安牌がないならどうでしょうか。安牌がないからとりあえず[牌]を押してみる。これは破滅への第一歩です。手牌Bの10巡目の説明を思い出しましょう。この手牌からうまくいって10巡目テンパイしても、

その頃にはオリるべきタイミングを迎えてしまっているわけです。そして、🀠🀠🀋🀋を連打し、安牌が増えればそちらを切るのと🀫を切ってまた次の牌を押そうとするのはオリ打ちを踏まえても放銃率が全然違うわけですね。「この先テンパイしても押せない未来が待っているのなら、歯を食いしばってオリる方がいい」というわけです。

Q18解答　手牌C　6巡目🀆　10巡目🀆　14巡目🀍

　これについてはアガれば45ptもらえるという点で手牌ＡＢとは明確に異なります。アガリの恩恵がラス抜けだけの場合は、押して恩恵を受けるのに「押さなければラス目にツモられる」という条件が必要でしたが、着順上昇があれば、アガるだけで明確な恩恵が発生します。流局の近い14巡目では厳しいですが、6巡目は迷わず押せますし、10巡目も愚形待ち候補の多いこのリーチには微妙になるところでしょう。

システム47　－伏せＯＫは基本オリ－

　オーラスライバルのリーチでも、ツモられなければＯＫなら流局にかける方がマシな場合が多いです。序中盤のテンパイならそれなりに押すこともありますが、ノーテンからでは押しても放銃して捲られるパターンが増えるだけになりがちです。

点数状況判断 **10** －他家の挙動を考える－

Q19　南4局東家3巡目ドラ🀝。点数は以下の通りです。
東家20300・南家14300・西家26800・北家38600

　手牌ＡＢＣで何を仕掛けますか。

手牌Ａ　二萬 四萬 伍萬 伍萬(赤) 八萬 九萬 🀝 🀝 🀝 🀚 🀚 🀚 東

手牌Ｂ　六萬 八萬 🀝 🀝 🀝 🀗 🀗 🀊 🀊 東 發 中

手牌Ｃ　四萬 六萬 八萬 🀝 🀝 🀝 🀖 🀖 🀘 🀘 🀘 🀊 中

　自分の手牌がアガりやすい場合は自分の手牌を中心に考えていけばいいでしょう。しかし、自分の手牌が遠い場合は自分のアガリ以外での目的達成を考慮することになります。

　点数状況判断において、「誰のアガリが都合いいか」ということが重要であることを述べました。それは押し引き面だけでなく副露面でも然りです。自分視点はもちろん、他家視点も考えなければなりません。

　オーラス3着目の親番という点数状況、誰のアガリが最も都合が悪いかといわれれば、天鳳では言うまでもなくラス目の南家です。

　それに対し、2着目トップ目のアガリはラスが目の前の状況では価値が高くなります。自分が安手でアガるくらいなら西家北家がアガる方が都合いいでしょう。アシストや仕掛

けへの差込みも考えられ、手段を尽くしてラス目の和了率を落とすのが重要な並びになっています。

　そして、他家視点を見ると、まずラス目の南家はわかりやすいですね。東家の満貫放銃や西家が東家に高打点を打ち込む以外は自分があがらないとラス抜けができません。ほとんど自己都合で突っ込む局面です。

　それに対し、2着目トップ目の西家、北家は着上昇が西家のハネマンや北家→西家への満貫のみとほとんどないため、このまま着を落とさないように打ちまわすことになります。そのために都合が悪いのは東家のアガリで、東家以外がアガるのが都合のいい状況です。2人でタッグを組むことも可能です。

　親である自分が仕掛けるということは、自分に対して厳しく打たなければならず押しにくいトップ目2着目に対して、絞る・オリるといった対応をする選択肢を与えてしまい、自分に都合のいい脇のアガリが発生する可能性を下げてしまいます。アシストや差込みも考えられるはずが、それができるパターンも減少します。その分誰の和了率が上がるか。自分に都合の悪いラス目の和了率が上がってしまいます。

　それでも自分の和了率が跳ね上がるなら仕掛けるに見合うといえますが、遠い手牌では1回のツモ番で有効牌を引くことが多く、わざわざ仕掛けなくてもそれなりの牌を引

くことが多いため、テンパイに近い整った手牌と比べて仕掛けによる和了率上昇は小さいです。絞りも含めると手牌によっては和了率が下がってしまうこともあるでしょう。

Q19解答　手牌A　すべてスルー
　現状ブロックが足りているのが、クイタンに向かうと、
・[八萬][九萬]のペンチャンがフリテン含みの孤立端牌に劣化
・[四筒][五筒][七筒]のリャンカンが[四筒][六筒]の弱カンチャンに劣化
・孤立[西]が孤立端牌に劣化

　となり、ブロック不足でかつ弱い孤立牌しか持っておらずメンゼンと比べて全然早くなりません。絞られてしまった場合は遅くなるでしょう。アガれば4→3に上がるアガリが必須な場面なら、わずかな和了率上昇のために無理にでも動くこともあるでしょう。

　しかし、上２人の和了率を落としてしまうことが命取りになるこの並びでは、和了率の低い仕掛けは慎重になる必要があります。ネックに見えるカン[三萬]も雀頭が不安定なこの手牌では、[伍萬]以外で雀頭ができてカン[三萬]に依存する必要がなくなるパターンも多いです。赤を使い切れるカン[筒]も、ドラを見せて打点をチラつかせるのはこの状況ではそれなりにマイナスです。上２人に手が入っている場合に満貫に捕まってしまう頻度が上がるのも痛手です。

Q19解答　手牌B　すべてスルー

　役牌の３面張に期待して後々付け発進するのはフラットな状況なら全然ありでしょう。こういう遠いが高打点な仕掛けは、オーラスのこの並びでは自分に最もあがってほしい人がオリたり、絞りに回られたりしてしまい、最もあがってほしくない人が突っ込んでくるということがそれなりの頻度で発生するため、強引に仕掛けることが命取りとなります。

　当然絞るかオリるかという選択は手牌によるところですが、「仕掛けられたら絞らなければならない」手牌パターンがそれなりに多いこの状況で、上２人に役牌という重ねないと使いようがない牌を絞られて受け入れを狭められてしまったらそれだけで大惨事です。ブラフというものはもともとアガって都合のいい安手がオリて都合の悪い高打点ツモを誘発する微妙なものですが、アガってほしい人がオリてしまいがちなこの並びでは、こういう半ブラフとして機能しかねない仕掛けはご法度となります。

Q19解答　手牌C　伍萬七萬🀠🀠🀡🀡🀢🀢

　ブロックがはっきりと決まっていて、仕掛けによって大きな和了率上昇が見込めるなら、まっすぐ仕掛けていくのがいいでしょう。手牌ＡＢが仕掛けにくいのはメンツ候補すらままならない状況では１回のツモ番に対して仕掛けの

価値が低く、仕掛けても大して和了率上昇が見込めないためです。

ブロックが揃い、後は空いている穴を埋めるだけの作業の段階まで進めば1メンツ完成する価値は甚大です。打点もミニマム5800あり、トップ目からの出アガリ以外はラス目の満ツモに耐えられるようになるため申し分ないです。

システム48 －遠仕掛けで邪魔をしない－

オーラスで誰のアガリが都合いいか全員にとって明白なとき、仕掛けに対してどのような対応がなされるかはわかりやすくなります。脇に対応する余地を生んでしまう大してアガリやすくなってもいない仕掛けで、自分にとって都合のいいアガリの発生頻度を落としてしまうことは、着順悪化に繋がります。

Q20　Q19について、点数が南家と北家で逆なら仕掛け判断はどう変わりますか。

Q21　Q19の点数状況について、手牌DEでリーチ判断はどうしますか。8巡目、ドラ🀟。

手牌D　🀇🀈🀉🀋🀋🀍🀟🀟🀠🀠🀡🀡🀀🀀

手牌E　🀋🀋🀋🀟🀟🀠🀠🀡🀡🀁🀁🀁🀁🀀

Q20解答　チーの利く手牌が鳴き寄り

　手牌Ｂのような役牌絡みは、どこに座っていても絞りが発生するため仕掛けにくさは変わりません。上家に絞れない人がいる分手牌Ａが仕掛けやすくなります。🀉や🀫は仕掛けるのもありくらいにはなるでしょう。

Q21解答　ＤＥともリーチ

　自分のアガリが厳しいなら、整っているかわからない上２人の手牌の可能性が大事になりますが、自分がアガれそうなら自分のアガリを優先すればいいのです。ラス目のアガリ阻止にも連対取りにもつながります。

手牌Ｄ

　役なしで脇から放たれるアガリ牌を咎められないのは痛すぎますし、ツモって1000オールが2000オールor3900オールかは次局の条件がまるで違います。

手牌Ｅ

　役ありでも曲げてあがるのとダマであがるのでは大差です。連対率が跳ね上がり、先手がとれていて残り巡目も多く流局率もさほど高くないならリーチでリターンを取る一手です。

　ただし、いずれも流局が近い場合は、ノーテンで伏せなければならないためダマテンを選択することになります。

PART6
作業の前倒し

作業の前倒し **1** －麻雀における作業の効率化－

　麻雀１局内で毎巡打牌選択を行いますが、その根拠として「受け入れ」「打点」「守備力」などの比較を行います。さらに相手の攻撃を受ければここに「安全度の比較」と「ベタオリ判断」も加わります。

　それらを正確なものとするために行うべき作業として、以下のものが挙げられます。

【持ち点確認】【ドラ確認】【局の構想を練る】
【有効牌の飛び枚数確認】【４枚飛び数牌の確認】
【字牌の飛び具合カウント】【速度読み】
【手出しツモ切りチェック】【局の構想を修正・維持】
【手牌読み】【スジカウント】【安牌探し】

　膨大ですね。麻雀をするというのはなかなかの重労働です。これを打牌選択と並列して行わなければなりません。どんなに優れた人間でも、当然作業漏れ・作業ミスがある程度の頻度で発生してしまうわけです。

　どのような麻雀の場でも時間無制限なんてことはありませんから、これらの作業を迅速に行う必要があります。それができるか否かがミスの頻度に直結し、実力に影響します。作業を効率化する際にできることは、大きく２つあります。

①知識と作業工程を暗記すること

　麻雀の戦術として語られることの多くがこちら側ですね。本書でもここまで扱っている【序盤の手組】【牌の危険度】【ベタオリ判断】【副露読み】【点数状況判断】といったことは、麻雀における個々の作業工程にあたります。

　「丸暗記じゃダメ、その場で考えないと」的なフレーズは麻雀に限らずよく目にしますが、はっきり言ってその場で考えるだけで暗記をしないのは二流以下もいいところです。そもそも丸暗記する人間がその場で何も考えないという認識がずれています。

　考えるという行為をより優れたものにするために、思考・ロジック・プロセスを反復訓練によって頭と手に叩き込むのです。

　「考えるまでもなくできる」のと「考えないとできない」には雲泥の差があります。「考えるまでもなくできる人」は「考えないとできない人」と比べてより多くの別の作業にリソースを割くことができるわけですから。学んだことを何度も復習し、何度も実戦で経験することで、ただ一読しただけの「知って理解した」だけのレベルの低い状態から「考えれば実行できる」、さらには「考えるまでもなくできる」「手が勝手に動く」にまで昇華させましょう。そうすることによって、作業の高速化・質の向上が見込めます。

②作業を極力前倒しすること

　どんな人でも同時に膨大な量の情報を整理しようとすると、どうしてもミスの頻度が上がってしまいます。それならば、予め前倒しできることは前倒ししましょう。

　リーチを受ける、4枚目の牌が見える、暗カンが入る、ドラポンが入る、有効牌が一瞬で激減するなど、場の状況が一変して方針転換を迫られることは多々あります。こういった状況で、予め情報を整理できていて方針転換するだけで済むのと、一から情報を整理するのは明確に差が付きます。過剰な作業を強いられ情報の見落としや作業ミスを起こさないようにしましょう。本書のここまでの内容が個別の作業工程なら、この章の内容は工程管理、スケジュールの前倒しにあたります。

　ただし、前倒しをしようとするあまり目の前の打牌選択をミスしては元の子もありません。この牌を引いたらどうしようかと考えていたら重要な手出しを見落としてしまうなどは私もいまでもしてしまいます。

　いきなりすべてを前倒しにするのは無理がありますが、少しずつできることを増やしていきましょう。日々の鍛錬でできることを増やしていくことが、一歩ずつ実力の向上につながります。何かすべき作業はないか、常々探すよう心がけましょう。その分リーチ中にのんびりと休んでおきましょう。

作業の前倒し **2** ―オーラスの確認事項―

Q1　南4局南家。点数状況は以下の通りです。
東家35900・南家30700・西家21000・北家12400
　配牌を取る前にどのような確認を行いますか。

　オーラスになれば確認をする。麻雀をある程度学んでいれば、誰しもが基本的なこととして認識しているでしょう。「そんなこと当然やっている。わざわざ本で読む必要がない」と思う方もいるかもしれません。本当にできていますか。確認していきましょう。まず一番重要な確認事項は、自身のまくりまくられ条件ですね。

Q1解答(1)
トップ条件
・出アガリ5200(東家からリーチ棒で3200)
・東家から2600(東家からリーチ棒で2000)
・ツモ1000-2000(東家からリーチ棒で700-1300)
・東家の5200放銃
3着落ち条件
・西家に5200放銃(リーチ棒を出すと3900)
・東家に11600放銃　(リーチ棒を出すと9600)
・西家のツモ2000-3900(リーチ棒を出すと北家から7700)

ラス落ち条件
・北家に12000放銃
・リーチ棒を出して東家に18000放銃

　リーチ棒が2本以上出るパターンは省いています。確認できましたね。配牌に役牌ドラアンコがあれば、当然アガってのまくり条件は省略していいでしょう。それではオーラスを始めますか。いいえ、まだです。他家にも条件がありますからね。他家が条件をもとにどのような挙動をしてくるか、これも確認しなければなりません。

Q1解答(2)
北家
・リーチ棒が出ない限り8000でも西家から以外は見逃し
・2000-3900で足りるため、出て2600のツモ裏条件リーチを打つこともあり。
西家
・基本的にラス抜けが最優先、東家南家の9600未満の仕掛けにはアシスト差し込みも考えられる
・南家は5200→8000のリーチを打つことはなく、打ってもハネ満にはなりにくいため、南家にはリーチでもある程度放銃できる
・北家の条件を大幅に緩和してしまうため、リーチ棒は出しにくい

東家
・役ありは曲げるメリットがない。ただし高め役ありのパターンはあり
・南家以外のアガリとノーテン流局が大体OKなため、南家の仕掛けには絞り気味になりがち
・西家に3900まで刺せる。自分からの出アガリはハネ満条件の北家には刺せない

　確認できましたね、今度こそオーラスを始めましょうか。いいえ、まだです。これをもとに自分が何をすべきかを確認しなければなりません。

Q1解答(3)
・ラスはほぼなく、西家がラス回避優先で動いてくることが見込まれるため、ある程度はラフにトップを狙う
・北家の仕掛けにはハネ満見える牌以外押す
・東家のリーチは確定役がなく、ドラが見えていれば打ってもあまり3着にも落ちないため押しやすい。
・北家はリーチ棒が出ないと東家から倒せない、西家は高打点を狙う余裕がないため、横移動トップは期待しにくい。トップをとるには自分がアガらなければならない
・西家に高打点の仕掛けが入っている場合は、東家が仕掛けていれば差込みを考える。
・仕掛けが入った場合、どの牌で刺さると東家は満貫ある

か、西家は5200あるか、北家はハネ満あるかに着目する。
・放銃が最も着落ちに繋がるのは対西家。安牌は西家に対してのものを中心に持つ。対北家は倒せないパターンがほとんどのため基本的に何とかなる。

　ここまで確認できてようやくオーラスが始められます。

　もちろん実際は否応なしに始まってしまいますし、確認が局の途中まで食い込んでしまうこともあるのですが、それが遅くなればなるほどミスにつながります。

　例えば、
・逆転手が入っているのに、北家にオリてしまう
・打っても満貫にならないのを見落として止めてしまう
・西家の安牌を持ちそびれる
・リーチ棒の条件緩和を見落とす
　といったことですね。他家の視点なら、
・西家の立場で南家のリーチに安易にオリてしまう
・東家の立場で、リーチ棒が出て北家が倒せるようになったのに北家のケアがおろそかになる

　といったことですね。これらのミスは牌を引いてから、リーチや仕掛けを受けてから考えるのではなく、配牌の段階から確認を取ることで頻度を落とすことができるわけです。

　オーラスは自分の条件を確認するのは当然のことですが、よりレベルの高い打牌を目指すためには他家の条件を

確認して、どういう挙動をするかを、自分が何をするべきかまで事前にチェックできているのが望ましいでしょう。

また、確認した点差に対して、逆転にどのようなアガリが必要かということは、その場で計算することではなく暗記しておくことです。

頭のリソースは有限ですから、その計算に割く分を別の作業に使えるようにしましょう。まだきちんと覚えられていなくても、オーラス毎にサボらずに条件確認をきちんと行えば、自然と覚えていくことでしょう。

符計算も然りですね。麻雀ゲームでは毎回自動でしてくれますが、それに任せるのではなく、ちゃんと自分でやりましょう。こちらも毎回自分で符計算しているうちに、自然と符ハネする形が見るだけでわかるようになります。反復訓練をしましょう。

システム49 ーオーラスの確認は3巡目までー

現実問題として、オーラスはこちらの事情を待たずに勝手に始まります。中盤から押し引きが必要になることが多く、中盤の押し引きを踏まえた安牌の残し方は6巡目には考える必要が出てくるでしょう。確認の遅れは牌の残し方のミスに繋がります。

作業の前倒し 3 －タンキカウント－

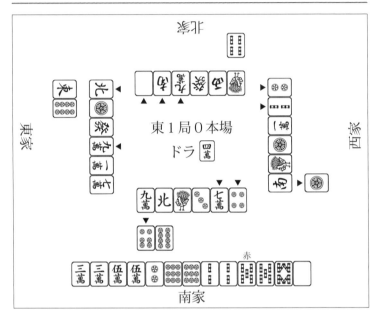

Q2　七対子の待ち候補となる飛び枚数1枚以下の19字牌をすべて挙げましょう。

　こんな数え上げは小学生でもできますね。そんな小学生でもできる作業を皆さんは実戦で行えているでしょうか。いつ行っているでしょうか。メンツ手の1シャンテンについては受け入れの飛び状況がぱっと見でわかりやすく、頭のリソースを割かずに行えます。微妙なときも、リーチ判断が微妙になりそうなことが事前に把握しやすいです。

Q2解答
場0 [中] 場1 [東][西]

　それに対し七対子などタンキ絡みの場合は、リーチを打つか手変わりを待つかの微妙な局面が頻繁に発生し、変化の量も質も同じ牌姿でも場に飛んでいる字牌の枚数次第で大いに変わってきます。1シャンテンのうちに手変わりを数えておき、リーチ判断を決めておきましょう。無論ピンフドラ3のリーチ判断や愚形の待ちとりにおいても予め決めておく必要はありますが、七対子は19字牌を全部見なければいけないためカウンティングの手間が他のリーチ判断と比べて面倒になり、事前準備の価値が高いといえるでしょう。

　「いい待ちになったらリーチを打とう」なんて思っていたら、いまよりいい待ちがほとんどない。そんな現象は頻繁にあり、そういうミスの頻度は事前準備によって下げることができます。そして、こういう作業をきちんと習慣づけていると自然とあることに気付きます。それは「3枚残り28タンキより優秀な待ちは大して残らない」ということです。今回の手変わり候補は字牌3種に19牌が1種ですがこれは決して少ない方ではないでしょう。[　]タンキで即リーチを打つのは言うまでもないですが、[中]タンキや1枚飛びの[8]タンキ、もう1枚飛んだ場合の[　]地獄タンキも明確に即リーチとなります。

「この巡目での🀄タンキリーチ」と「この巡目での字牌タンキリーチ」はそれなりに差はつきますが「数巡後の字牌タンキリーチ」とではそれほど差がつきませんし、それを待つのにどれだけかかるんだということですね。数巡経っていると他家にもテンパイが入ってめくり合いになる可能性が跳ね上がる分、タンキの質を上げる価値が落ちてしまいます。七対子ドラ１という勝負手でリーチがいない状況からベタオリを考える必要はなく、リーチ効率のいい最終形でリーチを打たない理由はありません。変化は５、６種類あれば相当多い方ですが、それでも２８タンキなら即リーチが原則となります。

「３翻以下七対子の３枚残り２８タンキは全部リーチ」としてほとんど間違いはないでしょう。変化の量・質で十分になることは少ないです。その例外を見落とさないために、１９字牌が残っていないか確認を怠らないようにします。

システム50　－タンキ手変わりは1シャンテンから数える－

　タンキになりそうな場合は、タンキ候補がどれくらい残っているか「テンパイ前」に確認しましょう。手間がかかるためテンパイしてから数えるとミスに繋がります。

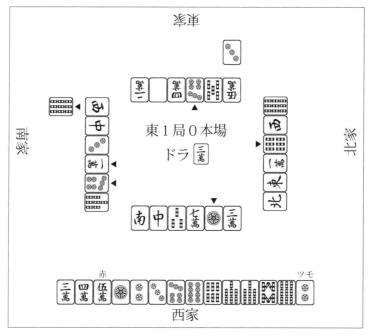

Q3　何を切りますか。

Q4　Q3で打🀝とした場合、次巡ツモ🀫はどうしますか。

　雀頭固定かメンツ固定かの比較において、メンツ固定した場合、入り目次第ではタンキ待ちになります。その際に手変わりがどれだけあるかは判断に影響します。よってQ2と同じくタンキ候補、すなわちノベタン・亜リャンメン候補をチェックします。

Q3解答 [牌]

リャンメンが見た目6枚と8枚に対し、縦受けはもう[牌][牌][牌]4枚[牌][牌]4枚とだいぶ薄くなっています。打[牌]としてリャンメンが埋まった場合、ツモ[牌][牌]の[牌][牌]ノベタンやツモ[牌][牌]の[牌]タンキは枚数が少なく変化を待ちたいところです。しかし、[牌][牌][二萬][伍萬][三萬][六萬]のノベタン・亜リャンメンはどれも弱く字牌も残り多くはなく、変化を待とうにも[牌][牌]や[牌]タンキ以上の待ちが残っていません。打[牌]とするとテンパイチャンスこそ増えるものの、リャンメンが埋まった場合のテンパイの質が大きく落ちてしまうため、雀頭固定の打[牌]とします。雀頭固定とメンツ固定の選択は複合形絡みならメンツ固定が正解になりがちですが、場に飛んでいる枚数と手変わりのタンキ候補をきちんと確認して比較をできるようにしましょう。

Q4解答　打[牌]リーチ

確認したように[牌]タンキ以上のノベタン・亜リャンメン・字牌の変化の量は不十分であり、待つことはできません。[牌]タンキで十分としてリーチを打つのが最善でしょう。少なくとも先手が取れた場合はこの勝負手でオリや放銃リスクなど考えません。雀頭が不確定の手牌は待ちがタンキ絡みになりがちです。1シャンテンの段階から、待ち候補のカウンティングを怠らないようにしましょう。

作業の前倒し**4** ―ツモに備えるということ―

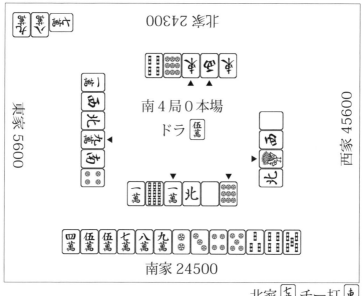

Q5 アガれば2→2着のオーラスで非常に広い楽勝そうな1シャンテンです。待ち番にこの手牌について、どのツモについて事前準備すべきでしょうか。

まず点数状況と北家の仕掛けの認識として、
・アガリ2着の2着目。簡単に45ptは見切れない
・西家は子に満貫まで刺せる。仕掛けには差し込みが期待できるが、リーチでは微妙

・役ありは曲げてハネ直が狙える場合を除き無条件でダマ
・東家の満ツモ1回はまだ2着
・リーチ棒を出すと瞬間着落ちする
・東家、北家はこちらのリーチにゼンツしてきそう
・西家、北家の共闘戦線ができそう
・役牌は残り 發中。誰も絞らない

以上のことは把握しておきたいですね。準備は早め早めにしないと後の思考に影響します。状況を把握したところで手牌に目を向けましょう。

何を引いたらどうするかを準備せよとはよく言われますが、これの極意は「一番めんどくさいツモに備えること」です。

例えば、🀠🀣🀦🀩 あたりのピンフテンパイは考えるまでもなくダマテンです。簡単なツモについては考える必要がないですね。では、この手牌でめんどくさいツモは何か、それを探して準備することが待ち番でするべきことになります。

Q5解答例
・ツモ 二萬四萬六萬🀠 の役なしはダマか外しかリーチか
・🀐🀑🀒 を引いてソーズくっつきが優秀になったら
・ハネ直狙えそうならどうするか

役なしテンパイは東家と北家の速度が重要になります。

北家が早ければ、東家が来る前に勝負がつきそうなのでリーチが打ちやすい。北家が遅そうで東家が早そうなら、東家に追いつかれて北家がオリてめくり合いになりがちといった感じですね。

ソーズ引きについては、連続形に関する牌理の知識と実際に飛んでいる枚数を確認しなければなりません。いずれも場況の影響が大きくなりがちで難しい問題になりそうです。牌をツモってからあたふたと考え始めるのと、前々から想定しておいて準備しているのでは、判断の精度や細かい要素の見落としの頻度が変わってきます。現状の枚数なら、[二][三][四]引きは役ありテンパイ枚数や3面張のできやすさで打[四筒]がいいでしょう。今後ピンズが薄くなった場合はツモ[二][三][四]で打[五筒][六筒]も選択肢に、ソーズが薄くなった場合はソーズツモ切りも選択肢に入ってきます。

ハネ直はツモ[三萬][五萬]赤[五萬][六筒]について、それぞれダマ、曲げの条件比較をしなければなりません。

複雑な問題を正確に対処するのに3秒5秒で決めるか、20秒前から考え始めているか。同じような雀力の打ち手でも結果が変わってくることでしょう。また、めんどくさいツモが何かを考えることは、実戦中はもちろん牌譜検討においても有効です。どんな引きが面倒かを探すことで、牌理や状況判断の力が鍛えられます。

システム51 −めんどくさいツモを見つけ出せ−

難しい選択は上級者でもミスしがちです。ツモってからあたふたするのではなく早くから考え始めて、思考に割く時間を増やすことで精度が高まります。

Q6

手牌ＡＢＣについて、どんなツモがめんどくさいでしょうか。手牌Ｃはポン材チー材について考えてみましょう。

A 🀇🀈🀉🀊🀋🀌🀍🀎🀏🀙🀚🀛🀆🀆　ドラ 🀋

B 六萬七萬🀙🀚🀛🀝🀞🀟🀣🀤🀥🀇🀈　ドラ 🀙

C 🀙🀚🀛🀝🀞🀟🀣🀤🀥　中　チー 🀋🀌🀍　ドラ 🀅

Q6解答例

A　ツモ🀆でカン🀆のテンパイを取るか。取らない場合は何を切るか。これが放銃できるアガリトップならどうか。

B　ツモ六萬七萬の七対子テンパイをどうするか、ダマにして場1の字牌を引いたらどうするか。安牌を引いたら七対子を見切って🀙先切りをするかどうか。

C　上家から🀜🀝が出たらどう仕掛けるか。

作業の前倒し 5 ―ベタオリ準備―

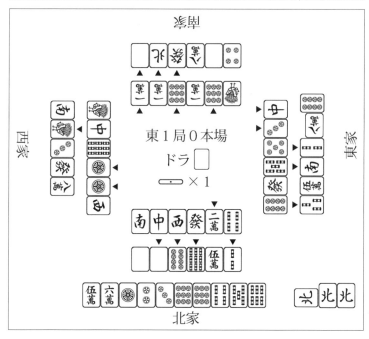

Q7 リーチに対して次巡引いてきた際オリるまたは手変わりする牌を挙げましょう。

Q8 オリる・迂回する場合の打牌候補の伍萬、八筒、一筒を比較しましょう。

Q9 南家、西家に対して安牌は何を持っていますか。

ベタオリ判断の項目で、ベタオリする場合と押す場合で出る牌の比較を何度も行いました。ルートが複数ある場合は、ルートごとに切る牌を比較しました。

　その比較には労力を要します。オリる選択が濃くなってきているこの状況ならば、危険牌をつかんでから押し引きどうしよう、何を切ってオリようかとするのではなく、予めオリるパターンに目途をつけておきましょうということですね。

Q7解答　🀇 🀉 🀋 🀍 🀝 🀟 🀠 🀫 🀫 🀫 🀫 🀀

Q9解答　対南家　🀞　対西家　🀟

Q8解答例

　🀟 1巡目に固定されたリャンメンにしか刺さらず安全度は高いです。瞬間の放銃リスクこそあるものの、リャンメンを埋めるか掴んだ危険牌を重ねるかで復活できるため、他の候補と比べると最も復活しやすいですね。

　🀋 🀋 は安牌ですが、宙ぶらりんになる 🀌 は待ち候補が少ない中の最本命のため、ツモ番なしでテンパイが取れたとしても押せません。流局テンパイ率は低いでしょう。

　🀟 テンパイ取りの条件は 🀊 🀍 を埋めて危険牌にくっつけること。🀞 は安牌ですが、復活には後々 🀝 🀞 を切らなければいけません。🀠 はツモ番なしでテンパイが取れれば押せるかもしれませんが、🀠 が浮いている1シャ

ンテンでわざわざ🀝を切るかというと、微妙なところです。

　愚形待ち候補はほとんど残っておらず、残りスジ9本でも1本の危険度は高めです。🀍🀝は無スジの中では微妙なところですが、例えばこの後🀌とさらにスジが減ったらどうでしょう。

　瞬間押しとした人も予め微妙と気付けていれば、残りスジがさらに減った際にオリに判断を切り替えるのは容易です。そういう状況変化が起きているにも関わらず、🀝が早いからと安易に🀝を切ってしまうミスはしないというわけです。事前に🀀が生牌だと把握している人には、字牌だからと手拍子で切ってしまうミスは生まれません。

　迂回ルートも事前に準備しておけば、更なる開拓状況に応じて適切な選択が容易になります。2件に発展しても、あらかじめ共通安牌を探しておけば、ベタオリのミスは少なくなるでしょう。

システム52　−ベタオリ準備−

　テンパイは基本的に押すことになりますが、終盤になるとオリも多くなります。それならば、そのオリるべきタイミングになってからどうオリるのかを考えるのではなく、予めオリるための逃げ道を把握しておきましょう。

作業の前倒し 6 －不要牌－

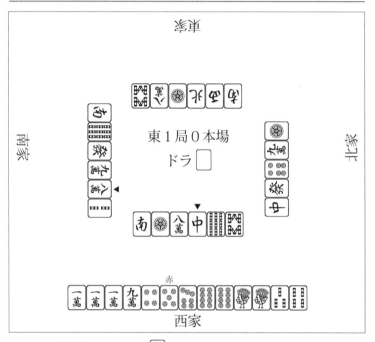

Q10 各他家に対して九萬の危険度はどの程度でしょうか。

Q11 次巡東をツモった場合何を切りますか。

Q10解答

対南家、北家　完全安牌
対東家　先切りリャンメンにしか刺さらず安全度高め

Q11解答　[東]

　2問とも紙の上で聞かれて時間をかければ簡単な問題です。では実戦で[九萬]より危険な不要牌を毎回ツモ切りできているでしょうか。

　まず「[九萬]が現状かなり安全度が高い牌」という認識を打[中]の段階で持っていなければなりません。[中]と[九萬]の安全度を比較する作業の際に把握されるはずです。惰性で8と9だからとりあえず外側の9を残すような人は、[中]と[九萬]の安全度が逆のときにミスを犯し、生牌の字牌を[九萬]と入れ替えてしまうというミスを犯します。

　通常不要牌の19牌と字牌なら字牌を残しますが、今回は[九萬]の安全度が高いため、全員に危険な生牌の字牌はツモ切ることになる。それくらいのことは字牌を引く前に、もっと言えば[中]を切る段階で事前に把握をしましょう。

　それができていれば「とりあえず字牌持ってきたしそっちに変えるか」と生牌の[東]を手の内に置いてしまうなどというミスはそうそう起こりません。ちゃんと100回中100回[東]をツモ切りすることができますか？

作業の前倒し7 —中盤の手牌と盤面認識—

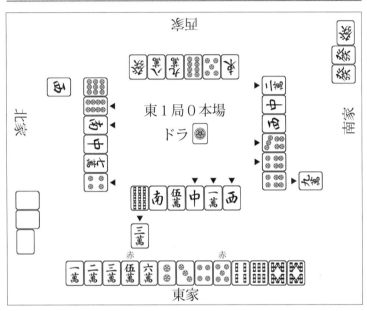

※南家 發 ポン打 西
　北家 □ ポン打 七萬

Q12　各他家に対して 8筒 の危険度はどの程度でしょうか。

Q13　8筒 にくっついてリャンメンができたら出ていく 索子 の危険度は、各他家に対してどうでしょうか。

Q14　2筒 を引いたら 8筒 と 索子 どちらから切りますか。

Q15　8筒 を引いたら現状では何を切りますか。状況に変化があれば切る牌は変わりますか。

序盤は自分の都合でシンプルに構えやすいですが、中盤についてはスリム化を行うか、絞るか先切りか、ターツ選択等難しい盤面も多くなります。こういう押すことは概ね決まっている手牌でも、押しの手順として選択が生まれがちです。精度を高くするために事前に要素を把握して準備ができているのが好ましいでしょう。レベルの高い中盤を行うためには、盤面を把握し有力なツモに対して想定を行う「準備力」がモノを言います。実践譜を用いてどのような作業を事前に行うかを示していきたいと思います。

Q12解答例

対南家　好形も愚形もあり、危険。

対西家　割と安全。ドラ🀝とはいえ🀞が早く、カンチャンは薄い。シャンポンは全然あり。

対北家　かなり安全。🀞🀃の切り順からリャンメン・カンチャン・シャンポンいずれも考えにくい。

唯一危険な南家に対しては、親番の本手では🀝が間に合わず放銃になるリスクを負ってでも、絞ってテンパイを入れさせないメリットはあります。鳴かれて脇からロンと言われるのは、安くて大したことない手なら構わないですが、この本手では激痛ですから。よって🀝はわざわざ間に合わせる必要のない牌であることを事前に把握します。

Q13解答　全員に危険

ソーズはほとんど場に放たれておらず高いです。2枚下ろして南家が無反応なことの方が少ないでしょうし、北家に捕まることもあれば、西家のリーチに切れないことも多いでしょう。

ソーズ2枚を下ろすことがかなりの負荷であること、南家、北家の捨牌がこれ以上濃くなったり、仕掛けが増えたりすれば、ピンズでリャンメンができてもソーズを抑える可能性があることを事前に把握します。勝負手は自己都合とはよく言われますが、脇にアガられてしまえば自分がアガることはできなくなってしまいます。ヒントの少ない捨牌なら危険牌を押す方がアガりやすくなりますが、稀にある非常に濃い河に対しては、危険牌を抑えることによって和了率が高くなるケースも出てきます。

Q14解答　🀘

リャンメン×2の1シャンテンでカン🀘を受け入れるメリットがないため、純粋に🀡と🀘の切り順の比較。🀘の方が愚形含み両無スジな分南家に鳴かれる、刺さるリスクは高いですが、Q13の通り🀘は西家北家に対しても後々危険になることが見込まれます。それに対し、🀡は西家、北家に対しては🀘と比べて安全度は段違いに高いため、🀘から切ることになります。

鬼打ち天鳳位の麻雀メカニズム　PART6　作業の前倒し　215

Q15解答　🀄

　ピンフが付きやすく、🀠🀠もシャンポンとして特段強いわけではありません。🀋を切ると南家に対して🀋＋（🀠または🀄）のソーズ2種類を下ろすことが確定になります。それに対して、🀄を切っておけば🀋が埋まれば🀄1種押しで済みますし、マンズが埋まった際に🀄を切ってカン🀋に取る選択もできます。

　Q13でも触れた通り、南家、北家にさらなる仕掛けが入れば、ソーズを下ろすのは放銃抽選を受けてしまう分アガリが厳しくなってしまうため、🀠🀠をツモ切りして押す牌の種類を抑える選択もあるでしょう。

　また、ここまでの事前準備は基本的な副露読みである、「読めない仕掛けを読めないものと認識する」という知識が前提になっています。南家、北家の仕掛けは役牌以外見えておらず、染まっていなければブロックが足りている程度しかわかりません。打点があるかも全くわかりません。河は濃いですが南家はピンズ5以下とマンズソーズほぼ全域、北家はマンズ6以下とソーズ全域が残っています。

　よって現段階では基本無視することになりますが、2副露3副露となれば自分がアガるために抑えられそうな危険牌を抑えるという選択が可能性に浮かびます。

　当然今後の状況に変化があれば、これらの判断をアップデートしなければならないですが、逆に言えば前もって準

備をしておくことで「アップデートするだけ」で済むのです。

　難しい判断の難易度を落とすために、事前に多くの思考を行うわけですね。難問もドンとその場で出されるか、誘導となる小問がいくつか挟まれているかで、難易度はまるで違いますから。

　少なくとも勝負手がなかなかテンパイしないことに苛立ちを覚えている場合ではありません。序盤なら多少場を見るのをサボっても大したことにならないことも多いですが、濃い情報の増えだす中盤以降は常に場に対してアンテナを張り、できる事前準備を見つけられるようにしましょう。

システム53　－めんどくさい状況に準備する－

　めんどくさいツモに対して準備する作業はすでに「ツモに備えるということ」で行っていますね。それと同じようにめんどくさい盤面に対しても早くから思考を始めることにより、思考に割ける時間を増やすことが、高精度の打牌選択のために必要になります。多副露の状況は判断が難しくなりやすく、副露読みの作業、絞るか先に切るか、出る牌の危険度はどうか、手が伸びたときに落とすべきターツはどれか、できる準備を見つけられるようにしましょう。

作業の前倒し8 ―安牌を持つということ―

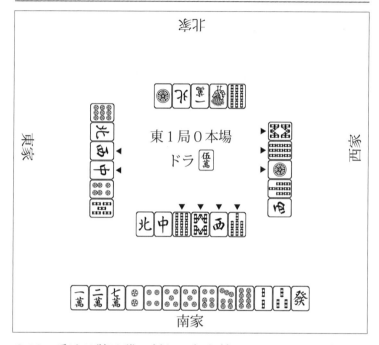

Q16　受ける牌は誰に対して何を持っているでしょうか。

Q17　安牌の北を引いた場合、一萬二萬・七萬・發のうちどれを切るのがいいでしょうか。

Q18　安牌として残せそうな数牌は何がありますか。

中盤で後手から押し返しにくい手牌では安牌を持たなければなりませんが、そのためには誰に対してどの程度の安全度の牌を持っているかを確認しなければなりません。

字牌アンコなど安牌を十分持てていれば先制でしか戦えない手牌でそれを考える必要はありませんが、先制限定かつ安牌なしという状況は好ましくないため、そういう盤面を作らないために誰に何でオリられるかを事前に確認しましょう。

Q16解答
対東家　[8筒]が安牌、[1筒]がスジ
対西家　なし
対北家　[1萬]安牌

最も早そうな東家に対して現物1枚に通りやすそうなスジ1枚と、トイツ牌が[8筒]しかない割にはそれなりに何とかなりそうですね。

これが例えば東家の捨牌の[8筒][1筒]を[六萬][1筒]とした場合、早そうな相手に対して何も持っていないことになります。そうなると、愚形リーのみ2シャンテンの手牌では引いた安牌をうっかりツモ切りしてしまうのは許されないミスになるわけです。

そういったミスをしないためにも、ツモ番を迎える前から手牌の弱さを認識し、安牌を持たなければならないこと

鬼打ち天鳳位の麻雀メカニズム　PART6　作業の前倒し　219

を事前に把握しておく必要があるわけですね。

相手は西家、北家もいます。特に西家に対しては何も持っていません。この手牌なら特に場3の[北]のような絶好のツモを引いた場合は共通安牌として置いておきたいところです。しかし、安牌を持つといっても、そのためには当然何かを切らなければなりません。事前に確認しておきましょう。

Q17　解答 [發]

まずは機能性のある[二萬][三萬]と[七萬]の比較からいきましょう。中盤になると既存のターツの価値が上がり、変化のための孤立牌の価値は下がります。孤立牌はメンツにするには「くっつけて」「完成」の二段階必要ですが、ターツは「完成」の一段階で済みます。最短1巡で完成するペンチャンの価値が上がり、遠くの変化を見る[七萬]の価値が下がるというわけです。

しかし、それはダイレクトのペン[三萬]埋まりに価値がある場合です。[三萬]が埋まっても愚形リーのみかピンフのみの1シャンテンでは戦えません。

うまくいってそれならば、ペンチャンを払い、2枚切って別の牌を持ちやすくすることで、ドラ受けとタンヤオを見て[七萬]を残しつつ、さらなる強孤立牌や安牌を持てるようにすることですね。

逆に言えば、ペンチャンを埋める価値があるなら、ペンチャンは孤立の🀇より優れているとなります。ドラを1枚でも持っていればリーチが打ちやすく、ペンチャンは孤立🀇よりも必要になるでしょう。

　ではこの手牌で安牌を引いた際に🀇🀈と🀆どちらを残すでしょうか。打🀆として🀇🀈を残すとします。中盤に入ってしまっており、リーチを受けても生牌の役牌1枚ではほんの気休め程度にもなるか微妙なところです。

　わざわざ安全でもない字牌を残すくらいならば、弱くても自分の手牌が進む抽選を受ける方がいいということですね。

　🀇が対北家の安牌なのも見逃せません。ベタオリ判断のところでも扱いましたが生牌の字牌は全然安全ではないため、わざわざ受け入れを拒否してまで残すことはないということです。

　これが例えば🀆が生牌ではなく場1なら安全度は大幅に上がるため、ペンチャンの受け入れを拒否し、🀃と🀆で安牌2枚体制としたいところです。

Q18解答　🀆🀄🀘

　字牌は安牌候補となることが多く、安牌が欲しい状況では意識せずとも手が止まるでしょう。引いてくれば生牌かは最低でもその場で確認くらいすると思います。生牌であ

ることを確認せずに残してしまっても、切る数牌が完全に不要な危険牌のときは正しい打牌となります。それに対し、安全度の高い数牌は事前に意識しておかないとうっかり切ってしまいがちです。

　この3種は2人に対して安牌かそれに準ずるレベルであり、🀅 よりも明確に安全のため、引いてきたら 🀅 と入れ替えなければなりません。

システム54　－中盤の安牌カウント－
　弱い手では安牌を持つためにはまず安牌を持っていないことや、どんな牌が安全かを事前に把握しておきましょう。安牌残しは安全度の高い牌をツモる前から意識して準備を始めなければなりません。

システム55　－安全じゃない字牌は持たない－
　中盤になると安牌を持つべき状況が多くなりますが、その残した牌はちゃんと安全でしょうか。安全でないならば、ただ手牌の可能性を落としてしまう無駄な行為となってしまいます。場に見えている枚数や、残る数牌がよっぽど危険でないか、ほんの気休め程度になるか微妙な生牌の字牌ですら必要なのか、確認して字牌を残すようにしましょう。

あとがき

　本書はシステム化されている部分と言いつつ難しい説明・理屈・プロセスも多く書いています。システムとした言葉の一つ一つはそれらと合わせてワンセットであり、そのセットを頭に入れてようやく一人前です。そしてさらに、実戦でシステムを迅速に出力し、盤面を見て細かい補正をかけなければなりません。強くなるということはとても難しいことだと常々思います。強い人たちのほとんどが途方もない数の打牌をこなし、己のシステムを身体に染み付かせていることでしょう。

　大学の途中から麻雀にのめり込むようになり、妄執のように打ち続けて10年以上経ちました。試合数は三麻四麻東風東南全部合わせて数万に及びます。鍛錬により多くの手牌を考えるまでもなく反射で捌けるようになりましたが、それでも実戦では考えなければならないことが山積みです。システムを正確に出力すること、作業することも決して容易なことではありません。天鳳位になってから持ち時間が足りなくなってしまうことは前よりも多くなりました。現状に飽き足らずより多くを考え、より多く作業を行おうとしているからですね。そして実戦で考えたことを頭に叩き込んでまた新しいことを考える。この輪廻は麻雀を打ち続ける限り永久に続いていくことでしょう。本書によって少しでもその深淵に導くことができたら、著者冥利というものです。

　　　　　　　　　　2019年8月　お知らせ

お知らせ

1989年9月18日生まれ。
神奈川県横浜市出身。東京大学工学部卒。
第14代天鳳位(四麻)。
天鳳歴四人打ち約3600時間、三人打ち約6000時間。
2018年6月四麻鳳凰卓東南戦1041半荘(プレイ時間456時間)。
2017年4月三麻鳳凰卓東南戦1444半荘(特上卓を含むプレイ時間368時間)。

マイナビ麻雀BOOKS
鬼打ち天鳳位の麻雀メカニズム

2019年8月31日	初版第1刷発行
2023年6月20日	初版第4刷発行

著　者　お　知　ら　せ
発行者　角　竹　輝　紀

発　行　所　株式会社マイナビ出版
〒101-0003　東京都千代田区一ツ橋2-6-3 一ツ橋ビル2F
電話　0480-38-6872（注文専用ダイヤル）
03-3556-2731（販売部）
03-3556-2738（編集部）
E-mail：amuse@mynavi.jp
URL https://book.mynavi.jp

DTP制作　ＡＪＭＪＡ
印刷・製本　中央精版印刷株式会社

定価はカバーに表示してあります。
乱丁・落丁についてのお問い合わせは、
TEL：0480-38-6872　電子メール sas@mynavi.jp までお願い致します。
©2019 Oshirase, Printed in Japan
禁・無断転載　ISBN978-4-8399-7056-7

マイナビ出版の麻雀書籍

【マイナビ麻雀BOOKS】各四六判224ページ

超メンゼン主義麻雀　　　　　　　　　　　　　　　　リツミサン／著
定価 1,694 円（本体 1,540 円＋税 10%）

初代Mリーガー松本のベストバランス麻雀　　　　　松本吉弘／著
定価 1,694 円（本体 1,540 円＋税 10%）

論理的思考で勝つ麻雀　　　　　　　　　　　　　　中嶋隼也／著
定価 1,694 円（本体 1,540 円＋税 10%）

現代麻雀の秘技　相手に対応させる技術　　　　　　平澤元気／著
定価 1,694 円（本体 1,540 円＋税 10%）

現代麻雀の神ワザ～天鳳強者の牌譜徹底分析～　　　鳳南研究所／著
定価 1,694 円（本体 1,540 円＋税 10%）

場況を見抜く！超実戦立体何切る　　　　　　　　　平澤元気／著
定価 1,694 円（本体 1,540 円＋税 10%）

オリ本～天鳳位が語る麻雀・守備の極意～　　　　　しゅかつ／著
定価 1,694 円（本体 1,540 円＋税 10%）

天鳳位直伝！三人麻雀の極意　　　　　　　　　　　オワタ／著
定価 1,694 円（本体 1,540 円＋税 10%）

デジタルに読む麻雀　　　　　　　　　　　　　　　平澤元気／著
定価 1,694 円（本体 1,540 円＋税 10%）

最強雀士が語るデジタルの向こう側　大きく打ち、大きく勝つ麻雀　近藤誠一／著
定価 1,694 円（本体 1,540 円＋税 10%）

麻雀・序盤の鉄戦略－3人の天鳳位が出す究極の結論－　独歩　すずめクレイジー
しゅかつ　平澤元気／著
定価 1,694 円（本体 1,540 円＋税 10%）

勝つ人は知っている　現代麻雀30の新常識　土井泰昭　平澤元気／著
定価 1,694 円（本体 1,540 円＋税 10%）

鉄押しの条件～3人の天鳳位が出す究極の結論～　独歩　かにマジン
しゅかつ　平澤元気／著
定価 1,694 円（本体 1,540 円＋税 10%）

進化するデジタル麻雀　現代の強者に打ち勝つテクニック　石橋伸洋／著
定価 1,639 円（本体 1,490 円＋税 10%）

よくわかる麻雀の勝ち方～牌効率から読みまで極める30の技術～　平澤元気／著
定価 1,639 円（本体 1,490 円＋税 10%）

株式会社マイナビ出版
〒101-0003 東京都千代田区一ツ橋2-6-3 一ツ橋ビル2F
●購入に関するお問い合わせ 0480-38-6872 ●編集直通ダイヤル 03-3556-2738
※購入・ご購入は右記をご参照ください。　© http://book.mynavi.jp
※全国の書店でお求めください。
※店頭書棚にない場合はお気軽に書店、または小社までお問い合わせください。